Mario Della Penna

DALL'ATOMO AL BIT:
Come e perché di un mutamento
socioculturale e filosofico

Alla memoria di Francesco Iengo
mio prezioso maestro.
Vivano per sempre le sue parole

INTRODUZIONE

Nonostante viviamo nel periodo tecnologicamente più evoluto della nostra storia, dobbiamo constatare che tutti i principali problemi che da sempre hanno investito la natura umana sono purtroppo ancor privi di una soddisfacente soluzione. La nozione di crisi della civiltà, con particolare riferimento a quel tramonto dell'occidente e alla sua logica capitalistica, è oramai ampiamente diffusa e fa parte del nostro lessico quotidiano. La nostra crisi ha lontane origini e abbraccia migliaia d'anni. Fra il 1500 e il 1700, da una visione organica della vita, si passa ad una meccanica, che porta come prima conseguenza un dualismo fondamentale fra spirito e materia. Nell'Ottocento si perfeziona la macchina del mondo newtoniana e si va oltre con l'elettrodinamica. Nel Novecento, con la nascita della fisica moderna, ci troviamo di nuovo di fronte a grandi mutamenti. Oggi, in piena quarta o forse quinta grande rivoluzione, quella dell'elettronica e dell'informatica, la nascita di ogni nuovo processo evolutivo porta con sé già i germi di una sua messa in discussione e di un suo superamento, attraverso nuove prospettive di ricerca, che si susseguono quasi giornalmente, dando vita a problematiche sempre più diversificate e complesse. Quali conseguenze comportano questi rapidi mutamenti? Soprattutto, come ci si può adattare (ammesso che ci si riesca) a queste repentine variazioni di cadenze di vita? La prima industrializzazione ha comportato un passaggio cronologico da una dimensione biologica ad una meccanica. Successivamente fino ai giorni nostri vi sono stati processi innovativi continui, cui ha fatto seguito un processo d'adattamento graduale. Abbiamo assistito ad una lunga gara ad inseguimento, sulla pista del vivere, che ci ha condotti da una dimensione meccanica ad un'elettrica. Oggi appare difficile continuare questo tipo di corsa. C'è il rischio di non essere in grado di inseguire alcuna meta, poiché non riusciamo a vedere nessun traguardo davanti a noi, tanta è la distanza che ci separa dalle cose di cui tuttavia ci serviamo. Il processo di adattamento richiede oggi una velocità troppo elevata in pochissimo tempo, tale da non consentirci una pur minima possibilità di riuscita. La condizione postmoderna, così com'è definita dai sociologi la nostra situazione attuale, è governata sempre più dall'essere digitale. Ci troviamo di fronte ad un nuovo passaggio irreversibile ed inarrestabile, quello che secondo Nicholas Negroponte è definito il "passaggio dall'atomo al bit". Grazie all'impiego di nuove tecnologie ci stiamo orientando verso una scelta di prodotti costruiti con tecnica non più analogica ma digitale. Il settore in cui si stanno concentrando i maggiori sforzi è quello della comunicazione di massa, che sarà rivoluzionata da sistemi che consentiranno di trasmettere e ricevere informazioni e passatempi personalizzati. Il mondo digitale diventerà piccolo come la testa di uno spillo. Aumentando le "interconnessioni" tra individui, molti dei valori tradizionali propri della stato-nazione lasceranno il passo a quelli propri di comunità elettroniche. Lo spazio fisico sarà irrilevante e il tempo giocherà un ruolo differente. Se da una parte tuttavia queste conquiste tecnologiche sono il segno di un profondo stato di benessere, perché aumentano in maniera esponenziale il nostro campo di scelta (cosa che a nessuna civiltà precedente era consentita) dall'altra la conseguenza più drammatica che ne deriva è rappresentata da una spietata selezione operata fra coloro che sono "utenti" di questi mezzi e coloro che ne sono "strumenti".[1] Se da una parte si diventa cittadini potenziali del cosiddetto "villaggio globale", dall'altra chi non riuscirà, per ragioni economiche e culturali, ad appropriarsi di tali strumenti, ne resterà per sempre escluso. Si è

1La forbice tra gli "have" e gli "have nots"
L'88% degli utenti Internet appartiene ai paesi industrializzati che rappresentano però solo un sesto della popolazione del pianeta. Ad esempio nell'Asia meridionale meno dell'1% degli abitanti è in linea, e in Africa va anche

di fronte ad un terzo mondo dell'informatizzazione. Si ha ancora una volta l'impressione che strumenti sempre più sofisticati e decisivi per le sorti del mondo saranno nelle mani di pochi che ne faranno l'uso più vantaggioso per i propri tornaconti finanziari. Ma bisogna fare attenzione a separare volontà politica da volontà di scoperta. Scrive Marshall McLuhan:

"Siamo troppo propensi a fare degli strumenti tecnologici i capri espiatori dei peccati di coloro che li maneggiano". [2]

Ancora una volta è l'uomo il protagonista, e non la macchina, pur avendo essa conquistato apparentemente un primato quasi assoluto. Più che di una competizione volta ad eliminare l'uno o l'altro, si tratta di un antico conflitto di corpi e un rapportarsi con esso. La macchina tende a sottomettere l'uomo omologandolo e indebolendolo, ma egli è soprattutto volontà. Il sofista Protagora ci ricorda che:

" L'uomo è la misura di tutte le cose, di quelle che sono per ciò che sono e di quelle che non sono per ciò che non sono". [3]

Questo principio dell'uomo misura è diventato la *magna charta* del relativismo occidentale. Se, quindi, per Protagora non esiste un "vero" assoluto e non esistono nemmeno "beni" assoluti, esiste, tuttavia, qualcosa che è più utile, più conveniente, e perciò più opportuno. Il maggiore sforzo intellettuale, per il quale da sempre l'uomo si è adoperato, è inseguire l'immortalità. Se questa aspirazione non si è realizzata, è pur vero che grandi progressi tecno-scientifici sono stati compiuti per riuscire a studiare logiche e quindi costruire macchine sempre più simili all'uomo. La

peggio: su 739 milioni di abitanti, ci sono solo 14 milioni di linee telefoniche, meno che a Manhattan o a Tokyo, e per di più concentrate all'80% in sei nazioni. Nell'intero continente africano gli utenti di Internet sono 1 milione mentre in Gran Bretagna sono 10.5 milioni. Questa diseguale evoluzione di macchina, dunque, si pone come sommo desiderio d'immortalità? La manipolazione genetica e la costruzione d'organi vitali di scorta serviranno ad evitare il logoramento fisico-chimico delle cellule, degli organi vitali, così da renderci eterni? La questione si complica enormemente tanto da innescare un problema che si riflette soprattutto nella sfera etico-morale. Mondo umanistico e mondo scientifico sono due settori così antitetici come da sempre si sono considerati? Questo lavoro nasce dal desiderio di dimostrare che i due campi del sapere hanno più parti in comune di quante possano essere le divergenze. La mia esperienza lavorativa nel campo delle automazioni industriali, accanto allo studio della filosofia e della letteratura, mi hanno insegnato (al contrario di un pensiero ancora fortemente dominante) che le due attività hanno spesso delle origini comuni di speculazione intellettuale. L'elemento unificante è l'arte della ricerca e la conseguente capacità di rimettere tutto in discussione una volta raggiunto un risultato, procedendo come direbbe Popper per congetture e confutazioni.

"Una vita senza ricerca non è degna di essere vissuta". [4]

Così afferma Socrate posto davanti al tribunale che sta per condannarlo a morte: per ricercare l'uomo, ha bisogno di fare calma dentro e attorno a sé. Ha bisogno di ripristinare una situazione innata, ciò che alcuni psicologi chiamano "istinto mare calmo". Il moltiplicarsi degli stimoli, il succedersi rapidissimo degli eventi, determina in noi uno stato di permanente tensione. Una fretta nevrotica domina la nostra era. Ma al di là delle

_____

Internet è stata descritta da alcuni analisti come l'emergere di un Quarto Mondo nell'economia globale, il mondo degli esclusi dalla Rete, gli "have" e gli "have nots", ovvero chi ha e chi non ha gli strumenti per accedere alle nuove tecnologie.

situazioni oggettive che ci opprimono, l'ansia che ci divora ha le sue radici dentro di noi. Dice Agostino:

"La pace è tranquillità dell'ordine". [5]

Arriviamo ad una parola chiave tanto cara agli epicurei: ordine, armonia. La nostra vita è in crisi perché ci poniamo in disarmonia con l'universo che ci circonda. La natura di per sé tende a svolgere riequilibri rispetto ad ogni eccesso, ma l'uomo contemporaneo lo dimentica; ad esempio progetta e poi costruisce centri urbani secondo la legge del massimo profitto, dimenticando le esigenze naturali dei fiumi, dei monti, dell'ambiente in genere. Quando la natura non riesce più a sopportare recinzioni o trasformazioni radicali, ecco che scatena la sua forza equilibratrice. Nessuno riconosce questo fatto, ma ad ogni "calamità" naturale, come vengono definiti certi eventi, i media parlano di montagne o di fiumi assassini, deresponsabilizzando l'unico vero colpevole di tutto ciò: l'uomo. Ponendosi al di sopra delle cose, l'essere umano ha assunto un atteggiamento d'antagonismo con il mondo circostante, finendo per concepire il rapportarsi con esso in maniera conflittuale e bivalente. All'inizio del terzo millennio predomina ancora in Occidente una visione dualistica della vita. Ci si muove sempre in forza di logiche che consentono soltanto due soluzioni estreme e dicotomiche. Il nostro male di vivere deriva soprattutto da questa predisposizione estremizzante nel rapportarsi con l'esterno. Una società che sta diventando sempre più secolarizzata, non è riuscita tuttavia a scrollarsi di dosso un atteggiamento limitante e divisionista. Questa tendenza, che investe in primo luogo la sfera dei valori culturali, ha condotto ad una posizione rigidamente conservatrice, tale da indurre a poter considerare

---

2 MARSHALL McLUHAN, *Gli strumenti del comunicare*, Milano, Il Saggiatore, p.120

paradossalmente (con riferimento a quanto sopra detto) la nostra società come statica. Secondo lo storico inglese Arnold Toynbee, la genesi di una civiltà consiste in una transizione da una condizione statica ad una condizione dinamica. Filosofi moderni come Saint-Simon, Spencer, Hegel hanno evidenziato questo stato fluttuante, così come ha fatto il sociologo Pitirim Sorokin che ha interpretato la storia occidentale come fondata sulla crescita e sul declino periodici di alcuni sistemi di valori considerati alla base delle culture. Ogni trasformazione, volta a segnare un'epoca, trova dei convinti sostenitori e altrettanti scettici. L'odierna rivoluzione legata ad Internet non sfugge a questa consuetudine. Pertanto ho ritenuto opportuno affrontare il tema delle fluttuazioni per rintracciare nel passato le tematiche che precedenti rivoluzioni hanno generato, nella convinzione che ciò che muta è soltanto l'oggetto in discussione ma non il suo contenuto rappresentativo. Poiché la rivoluzione attualmente in corso ha una portata davvero mondiale, in quanto la "rete" non conosce confini né geografici né politici né culturali, ho ritenuto opportuno mettere a confronto le dinamiche culturali dell'Occidente come raccontato da Sorokin, con le dinamiche orientali, e nello specifico attraverso il pensiero cinese espresso nel gran libro dei mutamenti dell'I Ching.

---

3 PROTAGORA, Le Antilogie tratto da G. Reale / D. Antiseri, *Il pensiero occidentale dalle origini ad oggi*, vol. 1, Brescia, La Scuola
4 PLATONE, *Apologia di Socrate*

5 AURELIO AGOSTINO, *La città di Dio*, cap. XIX

LA CRISI DELLA CIVILTÀ OCCIDENTALE

Dal reale al virtuale: i segnali di una crisi

Tramonto dell'Occidente (Osvald Spengler 1918), *Gli ultimi giorni dell'umanità* (Karl Kraus 1922), *La ribellione delle masse* (Josè Ortega y Gasset 1932), *La crisi della civiltà* (Johan Huizinga 1935), *L'uomo in rivolta* (Albert Camus 1945), *L'uomo contro l'umano* (Gabriel Marcel 1946), *La fine di una cultura* (Christopher Caudwell 1949), *La distruzione della ragione* (György Lukàcs 1954), *Gli otto peccati capitali della nostra civiltà* (Konrad Lorenz 1971), *Eclissi dell'intellettuale* (Elèmire Zolla 1976), *La fine della modernità* (Gianni Vattimo 1991), *La politica al tramonto* (Mario Tronti 1998), *La crisi del capitalismo globale* (George Soros 1998).

Oggi in pieno trionfo del mercato tecnologico, con performance di borsa di società che si occupano soprattutto del loro uso nel campo delle comunicazioni, in un clima di generale "ottimismo" nel sentirsi parte di un "villaggio globale", quali ragioni possono giustificare la lettura di testi definibili "catastrofisti" di pensatori della cosiddetta "crisi della civiltà" o, nella migliore delle ipotesi, dei cosiddetti "filosofi della vita". Quali legami possono avere con noi oggi costoro? Si tratta di un elenco casuale ed incompleto, ma è sufficientemente rappresentativo (in quanto copre interamente il secolo appena trascorso) di una corrente di pensiero e di una civiltà che sembra non appartenerci più. La loro lettura è ricca di rimandi ad altre dei secoli precedenti, e questo sarà il binario su cui far andare il treno della memoria in questo viaggio alla ricerca della nostra identità perduta. In una società che tende sempre più a standardizzarsi, omologando le coscienze e le scelte di vita di ognuno, al solo fine di migliorarne i profitti, non mancano, nonostante una tendenza generalizzata al disimpegno, episodi in cui uno sparuto gruppo di agitatori riesce a richiamare l'attenzione internazionale intorno a tematiche semplici ma tuttavia vitali, ponendo interrogativi che vanno a minare le basi di questo sistema, mettendolo in crisi, (spesso accade durante le riunioni del WTO).C'è bisogno che qualcuno ci svegli da questo torpore fatto di "benessere" e ci ricordi che l'essenza del nostro vivere non può ridursi ad una semplice valoristica economica. Il nostro viaggio a ritroso prende come punto di partenza l'argomento oggi più al centro di discussione, il mondo globalizzato della moderna comunicazione di massa, ossia quello legato ad Internet. Tenderemo di analizzare i pregi e i difetti di questa nuova rivoluzione copernicana del modo di vivere. Prima di occuparci di questo è bene fare una breve storia di Internet. Tre lettere, (L-O-G, log, collegato) battute su di un monumentale computer acceso nel laboratorio dell'università di Stanford, accanto a San Francisco, apparvero dal buio dello schermo a 700 chilometri di distanza a Los Angeles. In un giorno d'estate del 1969, tra le due università della California era nata la prima rudimentale "rete". Era iniziata una rivoluzione chiamata Internet. Concettualmente era cominciata il 4 febbraio 1957: alla notizia che i Russi avevano messo in orbita lo Sputnik, il presidente americano Eisenhower volle dare una risposta alla sfida lanciata. Nasceva all'interno del Pentagono l'Arpa, la *Advance Research Projects Agency*, un'agenzia con il solo compito di esplorare le frontiere estreme della scienza e della tecnologia. Furono selezionati e reclutati i cervelli migliori, eppure, nonostante tutta questa mobilitazione, l'idea concreta d'Internet nacque per caso. Venne ad un giovane ingegnere di ventinove anni, Larry Roberts, quando intuì che bisognava costruire un sistema di reti per comunicare. I militari afferrarono al volo il concetto di rete formata da molte maglie, come sono le vie stradali, dove il crollo di un ponte non interrompe il traffico, ma si limita a dirottarlo su altri percorsi. Le università impazzirono al pensiero di potersi scambiare informazioni, archivi, tesi senza passare attraverso pezzi di carta, strisce di telescrivente, volumi, pacchi postali e papiri. Sorgeva il problema di come trasmettere volumi di parole e poi immagini, da un capo all'alto della terra. La soluzione fu semplice ed elegante: si chiamò *pacate switching*, trasmissione a pacchetti, ed essa sta alla base di tutta la rivoluzione della rete. Un signore chiamato Ray Tomlinson fu colui che scelse, a caso, nel 1962, il carattere della @ per dividere il nome del destinatario dal computer di smistamento della posta: quella chiocciolina che è divenuta la bandiera d'Internet. Riprendiamo il viaggio dopo quest'escursione nella giovane storia d'Internet. Nel mondo contemporaneo stiamo assistendo ad una dematerializzazione della realtà; l'attenzione dell'uomo è distolta dal mondo naturale, per concentrarsi interamente su quello che vede attraverso il monitor di un PC (personal computer). La nuova comunicazione è diventata un valore assoluto, un obiettivo in sé. Per dirla con Jean Baudrillard: il virtuale ha assorbito il reale. Iniziamo il nostro viaggio attraverso le parole di uno dei maggiori esponenti mondiali di comunicazione digitale, il professor Nicholas Negroponte, il guru del Mit (*Massachusetts Institute of Tecnology*) di Boston, il quale dice: "L'e-mail sarà il medium dominante delle comunicazioni interpersonali del prossimo millennio". Negroponte è convinto che Internet rappresenti un cambiamento forse ancora più radicale dell'invenzione della stampa. Spiega inoltre che "essere digitali" significa vivere nel mondo etereo e globale dei bit. Questo fenomeno avrà, con il tempo, un effetto di armonizzazione e unione su tutte le generazioni e le genti del mondo. L'ordine e il funzionamento d'Internet sono basati sul comportamento autonomo degli individui, e non su un'autorità centrale. Questo cambierà ad esempio il modo di concepire la politica. Si svilupperanno i due estremi: la globalizzazione e alcune forme nuove di localismo. Alla domanda se le grandi multinazionali approfitteranno dell'uso d'Internet e domineranno il mondo, Negroponte risponde di no. Spiega che, il termine "multinazionale" prima si riferiva sempre ad una grande azienda, ora può anche trattarsi di una piccola impresa di due o tre addetti che, grazie ad Internet, può trasformarsi in azienda multinazionale. Il modo migliore per apprezzare i vantaggi e le conseguenze dell'essere digitale è di riflettere sulla differenza tra bit e atomi. Quotidiani, riviste e libri sono atomi, come lo sono la maggioranza delle cose con cui abbiamo a che fare ogni giorno. Questi atomi hanno un peso, un ingombro, sono sottoposti a controlli doganali, a leggi, insomma su di essi si concentra l'attenzione di molti apparati; inoltre hanno bisogno d'energia, ossia d'altri atomi, per essere trasportati da un posto all'altro. Ci serviremo di un esempio per chiarire meglio la differenza tra atomi e bit. Immaginiamo di voler accedere ad una biblioteca pubblica. Il suo funzionamento oggi si basa su atomi: in altre parole dobbiamo portare i nostri atomi alla biblioteca e prendere un libro in prestito. Quando prendiamo in prestito atomi (il libro) resta uno spazio vuoto, così facendo si renderà inaccessibile il testo ad un altro lettore. Inoltre se il libro in oggetto ha una gran rotazione di richieste, ne consegue che le persone che in un anno avranno avuto la possibilità di accedervi saranno poche, calcolando la durata d'ogni singolo prestito. Ora, se trasformassimo la nostra biblioteca in una pubblica digitale, per prima cosa non sarà necessario trasportare i nostri atomi alla biblioteca, ma soprattutto quando prenderemo in prestito un bit, ci sarà sempre un altro che rimane a disposizione. Quindi vivere nell'era digitale significa soprattutto una sempre minore dipendenza dall'essere in un determinato posto in un dato momento, e diventerà possibile trasmettere anche il posto. Se invece di andare a lavorare guidando i nostri atomi attraverso la città, possiamo collegarci con l'ufficio ed esercitare il nostro lavoro con mezzi elettronici, dov'è veramente il nostro posto di lavoro? Molte attività dei cosiddetti lavoratori della conoscenza non sono legate allo spazio e al tempo e potranno presto essere

14

svincolate dalla geografia. Questo concetto di posto e di non posto porta l'attenzione sul concetto generale d'appartenenza. Se sarà possibile vivere e lavorare in uno o più posti, il concetto di "indirizzo" assumerà un nuovo significato. Generalizzando possiamo affermare che è il concetto di nazione che verrà ad assumere un nuovo significato. Ci chiameremo italiani o canadesi per il solo fatto di essere nati in un paese piuttosto che in un altro? Potendo vivere e lavorare in ogni luogo a quale modello di Stato dovremmo sottostare? A quali regolamenti? Come cambierà ad esempio il concetto di governo o di polizia o quello di fisco? Quale sarà la nostra identità culturale? Cosa dovrà intendersi per diverso? Sono solo alcune delle domande che viene spontaneo porsi di fronte ai nuovi mutamenti. Tutte le tecnologie comportano dei rischi e delle opportunità. Molti vedono nella comunicazione elettronica e la connessione in rete un rafforzamento della dimensione sia locale che globale. E' il parere ad esempio di Silvano Tagliagambe, ordinario di filosofia della scienza, il quale parla di glo-calizzazione. Da una parte, c'è la proiezione nello spazio della globalizzazione, in quanto le reti permettono il contatto con qualunque angolo del mondo, in tempo reale, azzerando il valore della distanza. Dall'altra - il caso del telelavoro e della teledidattica è rappresentativo - rafforzano l'importanza dei contenuti minimi. Alla domanda qual è la metafora che potrebbe riassumere il significato della rete, Tagliagambe risponde:

"La rete è una metafora autoesplicativa. Con l'immissione di queste nuove tecnologie è cambiato anche il paradigma esplicativo della conoscenza. Dal paradigma ad albero, fondato sull'idea di radice, e quindi di base, di fondamento, che poi si sviluppava in verticale, si è arrivati al paradigma a rete attraverso cui la conoscenza si profonde. Oggi la metafora esplicativa della conoscenza è la rete, in cui non esiste una base, non esiste un centro, ma in cui importanti sono certamente i nodi e ancor più importanti sono le maglie, i link, le interconnessioni tra questi nodi. La rete è diventata una nuova metafora esplicativa del proprio sapere, sostituendo la metafora dell'albero". [6]

Abbiamo visto quindi che le nuove tecnologie modificano in modo sostanziale il rapporto tra spazio e tempo, e che oggi prevale l'estensione spaziale rispetto alla selettività temporale. In linguaggio tecnico potremmo affermare che si tratta della rivincita del sincrono sul diacronico. Le nostre percezioni cambiano, poiché l'informazione non viene dall'esterno, ma siamo immersi in essa con tutti i nostri sensi. La creazione di spazi virtuali può sostituire quelli reali d'incontro tra le persone proprio oggi che vengono a mancare sempre più i tradizionali luoghi d'incontro, come la piazza, molto importanti per lo scambio inter-individuale. Nella dimensione virtuale non c'è più né soggetto né oggetto, ma entrambi diventano elementi interattivi. Nel mondo virtuale, gli individui sono trasparenti, non hanno più peso, e sono smaterializzati e senza "ombra". Dice Jean Baudrillard:

"Attraverso i media si perde il principio di realtà, diventa impossibile distinguere fra ciò che è vero e ciò che è falso". [7]

La realtà sembra quindi scomparire in un generico non-luogo. Mentre fino ad oggi da una parte c'era il mondo reale e dall'altra l'irrealtà, l'immaginario, il sogno, nella dimensione virtuale tutto questo è assorbito in eguale misura, tutto quanto è iper-realizzato. Possiamo affermare che tutto ciò che esisteva nel reale si situava all'interno di un universo differenziato, mentre quello virtuale è un universo integrato. Per descrivere questo stato di cose, Baudrillard riporta il mito della caverna di Platone come chiave d'interpretazione del conflitto fra reale e virtuale. Ci sono ombre

6 SILVANO TAGLIAGAMBE, *Rete, paradigma della conoscenza*. Conferenza di Cagliari del 21 gennaio 1998

7 JEAN BAUDRILLARD, *Il delitto perfetto*. tr. di Piana G.,1996,Cortina Raffaello

che si muovono in circolo e noi non siamo che il riflesso di un'altra sorgente, che esiste altrove. Nel mondo virtuale non esistono ombre, giacché l'essere è trasparente.

"La nostra è tipicamente l'epoca dell'uomo che ha perduto l'ombra (...). Al contempo si è perduto anche il significato che l'ombra aveva un tempo, vale a dire la negatività, la morte. Ci troviamo dentro ad un sistema che si prefigge di eliminare la morte, nel quale non ci dovrà più essere nulla di negativo, come la fine dell'esistenza e l'ombra. Un sistema totalmente operativo e positivo al cui interno noi saremo tutti trasparenti, comunicativi, interattivi". [8]

Si celebra così l'uccisione della realtà e più ancora delle illusioni. Si tratta di un'illusione vitale di nietzscheana memoria. Nietzsche affermando che "Dio è morto" sostanzialmente intendeva identificare con tale uccisione una rivoluzione positiva, mentre nel nostro caso non abbiamo a che fare con un omicidio, ma con una eliminazione, una scomparsa, un annullamento, cosa alquanto più grave. Il rituale di questa sparizione avviene nel silenzio. Scrive Albert Camus:

"Nei tempi antichi, il sangue dell'omicidio provocava almeno un orrore sacro: santificava così il prezzo della vita. La vera condanna di quest'epoca sta al contrario nel far pensare che non sia abbastanza cruenta. Il sangue non è più visibile: non inzacchera con sufficiente veemenza il viso dei nostri farisei. Ecco l'estremo del nichilismo". [9]
Più avanti prosegue:

"Il nichilismo confonde nello stesso furore creatore e creature. Sopprimendo ogni principio di speranza, respinge ogni limite e, nell'accecamento di un'indignazione che non scorge più nemmeno le

---

8 JEAN BAUDRILLARD, *Il virtuale ha assorbito il reale*, Parigi 11 febbraio 1999

9 ALBERT CAMUS, *L'uomo in rivolta*, Milano, Bompiani, pp. 305-306

proprie ragioni , finisce col giudicare che sia indifferente uccidere quanto è già destinato alla morte." [10]

Dietro questo simulacro contemporaneo della morte, torna a rieccheggiare quel tramonto dell'Occidente tanto celebrato lungo tutto il Novecento. E' un tramonto che esprime un destino cui non ci si può sottrarre. Il destino dell'Occidente coinvolge nel suo andare verso il buio, la filosofia, sua fedele compagna nei secoli. L'Occidente è la terra che ha ospitato l'oblio dell'essere; il nichilismo quindi ne rappresenta la sorte, il tramonto, il destino. Nietzsche è il primo a cogliere l'anima nichilista della metafisica. Zarathusta è il profeta e il testimone del più disperato nichilismo che prelude l'esperienza decisiva di una metamorfosi, di una rinascita dopo la malattia e la disperazione. Dopo la morte della metafisica e del cristianesimo, muore anche la scienza e la tecnica dove l'uomo ha cercato un vano rifugio. Scrive a tal proposito Umberto Galimberti:

"Il nichilismo si annida propria là dove l'uomo pensa di averlo definitivamente bandito, si annida nel possesso delle cose oggettivate dalla scienza e utilizzate dalla tecnica". [11]

Connesso alla percezione del tramonto è il concetto di "fine della storia". Dal rispetto del passato noi ci siamo straniati. Oggi siamo entrati nella *post-historie*, terminologia introdotta da Arnold Gehlen con cui egli indica la condizione in cui il progresso diventa routine. Si denuncia una specie d'immobilità di fondo che colpisce paradossalmente il mondo tecnico. Come già detto, quando ogni esperienza della realtà si riduce ad un'esperienza d'immagini che si percepisce nel silenzio ovattato in cui lavorano i computer, alla perdita del senso della materialità e quindi della

10 ALBERT CAMUS, *L'uomo in rivolta*, Milano, Bompiani, p. 309

11 UMBERTO GALIMBERTI, *Heidegger, Jaspers e il tramonto dell'occidente*, Milano, Il Saggiatore, p. 134

18

corporeità, si associa quella dell'atrofizzazione della mente e quindi dell'anima, non più in grado di reagire ai numerosi stimoli visivi della macchina informatica. Risuonano chiare le parole di Francesco Iengo a tal proposito:

"La macchina meccanica diventa concorrenziale al corpo in quanto cosa che si muove, mentre l'attuale macchina informatica, in quanto cosa che pensa, lo diventa addirittura della "mente".[12]

Il prodotto tecnologico nasce con il solo scopo d'alimentare quel circolo vizioso fatto di produzione-consumo-obsolescenza e riproduzione, e non per venire incontro alle reali esigenze dell'uomo. Di questa deviazione si accorge Joan Huizinga il quale dice:

"Un macchinario spinto all'estrema perfezione e specializzazione genera giornalmente prodotti ed effetti che nessuno desidera, che non si utilizzano, che ognuno teme, molti disprezzano come indegni, insensati, inutilizzabili. ... La sproporzione tra le perfette fabbriche e la possibilità di impiegarle utilmente: la sovrapproduzione di fianco alla miseria e alla disoccupazione, non possono davvero dar luogo a un senso di equilibrio. Esiste ugualmente una sovrapproduzione intellettuale, un perdurante eccesso di parole stampate o scagliate attraverso l'etere, e una disperata divergenza di pensiero". [13]

In *Tramonto e crepuscolo* di Bernard Berenson del 1951, compare la parola nichilismo equivalente al concetto di metafisica realizzata nella macchina. L'approdo a questo verdetto è così spiegato:

"Il numinale è seguito dal mitologico come il mitologico è seguito dal teologico e questo a sua volta dal nichilismo (...) Nel mondo

---

12 FRANCESCO IENGO, *Il corpo superfluo,* Alessandria, Edizioni dell'Orso, p. 25

13 JOAN HUIZINGA, *La crisi della civiltà*, Torino, Einaudi, p. 34

mediterraneo, la nostra *oecumene*, condizioni più favorevoli portarono in ultimo l'uomo a dei rapporti meno aspri con l'aldilà e verso le varie personificazioni del suo potere. L'immaginazione umana finiva, a seconda delle sue possibilità, col trasformarli in miti. I greci li trasformarono in esseri antropomorfi intelligentemente ingranditi e anche umanizzati. (...) Era questo l'universo mitologico che durò finché Socrate e i suoi precursori lo distrussero per la troppa passione che avevano del ragionare, ciò indusse Nietzsche a denunciare Socrate quale "decadente". (...) Platone era pronto a ricostruirlo, però in maniera troppo sublime per essere accettato dalla mediocre umanità. Ad eccezione di quanto successe secoli dopo nelle funeste distorsioni del neoplatonismo. La ricerca di quello che Aristotele chiamò" la prima filosofia o religione" portò per vie in parte occulte e in parte scoperte, dopo vari secoli, alla celebre teologia dei Padri della Chiesa cristiana. Una sottile e acuta elaborazione di problemi che non avevano nessuna vera base resse per mille anni finché l'Europa cominciò a criticarne le premesse. Così la teologia cristiana cominciò a sbriciolarsi, a seccarsi, e finì col ridurre al nichilismo ogni pensiero trascendentale sulle ultime cose". [14]

Cominciano a mostrarsi, come in un processo di sviluppo in una camera oscura, i contorni che portano a definire in una maniera nitida la fotografia dell'attuale momento che stiamo vivendo. Il legame genetico fra il discorso filosofico platonico-cristiano si sta collegando al trionfo dell'artificiosità. La fuga dal reale trova cittadinanza nelle principali letterature europee verso la fine dell'Ottocento, conosciuta come l'età del decadentismo. L'eroe capostipite è Des Esseintes, l'aristocratico protagonista del romanzo *A ritroso* di Joris-Karl Huysmans. Siamo nel 1884; ad un certo punto si legge:

"La natura ha fatto il suo tempo; ha stancato definitivamente, con la disgustosa uniformità dei suoi paesaggi e dei suoi cieli. (...) Non vi è

---

14 BERNARD BERENSON, *Tramonto e crepuscolo. Ultimi diari 1947-1958* in Francesco Iengo, *Il corpo superfluo*, Alessandria, Edizioni dell'Orso, p. 30

alcuna delle sue invenzioni così sottile o grandiosa che il genio umano non possa crearla a sua volta. (...) E' venuto il momento in cui deve essere sostituita per quanto possibile dall'artificio". [15]

Questa sentenza avrà un seguito nel 1911, quando Filippo Tommaso Marinetti scriverà: uccidiamo il chiaro di luna. Ancora un segno evidente di una volontà di potenza, di un superomismo capace di distruggere la realtà naturale per crearne al suo posto una versione duplicata, una sorta di Cinecittà. Nella nuova "Città del Sole" illuminata dal bagliore della luce artificiale e mossa dal meccanico ruotare d'ingranaggi, si muove l'uomo contemporaneo (l'uomo di Charlie Chaplin in *Tempi moderni*), dotato d'anticorpi necessari per godere di quest'ambiente urbano fatto di masse, d'elettricità, di macchine che sfrecciano veloci ma soprattutto d'alienazione. L'uomo futurista vi penetra con forza, n'esalta la vitalità. Basta con i cantori dei chiari di luna e dei sentimenti. La nuova mistica della macchina, che sta nascendo soppiantando la bimillenaria mistica dell'anima, scorge all'orizzonte il suo rinato paradiso terrestre. Questo sprazzo di vitalità, che i nuovi discendenti di Prometeo urlano nei loro slogan e manifesti, porta con sé però i germi della propria autodistruzione. La civiltà tanto reclamizzata, riducendo i rischi dell'esistenza e sottraendo alla natura la gestione completa delle malattie, rende il corpo sempre più inetto al dolore fisico, il quale si trasforma in una paura mentale e interiore, che finisce per costituire la vera "malattia mortale" dell'uomo civilizzato. Nietzsche nell'aforisma 48 de *La gaja scienza* (1881) già sentenziava che la cognizione del dolore c'indebolisce fisicamente. C'è progresso se c'è anche progresso del corpo, ma questo non si può trovare nell'universo artificiale futurista. La malattia è incurabile, come più volte denunciano i vari protagonisti dei romanzi di Italo Svevo. Si tenta di uscire da una realtà fatta di grigiori, di giorni eguali, che conserva i suoi

---

15 JORIS-KARL HUYMANS, *A ritroso*, Milano, Rizzoli, p. 108

rituali, la sua struttura piramidale e i suoi discorsi costruiti di luoghi comuni. La banca Maller&C. nel romanzo *Una vita*, con il suo corridoio e le varie stanze degli impiegati e dei capi, l'alloggio del signor Maller con il suo tinello che serve da sala di conversazione, l'interno della casa di Emilio Brentani protagonista in *Senilità*, l'ufficio dove Zeno Corsini (*La coscienza di Zeno*) perde il proprio tempo a concludere affari sono tutti luoghi dove portare a spasso le mediocri stature di uomini che il gran polverone salutista del futurismo voleva riscattare, contribuendo invece sempre più a deprimerli. Il tentativo di riscatto avverrà purtroppo nella maniera peggiore, e porterà a inevitabili conflitti mondiali di lì a poco.

Il periodo assiale e la separazione fra oriente ed occidente

Per lungo tempo gli uomini sono stati ignari di economia politica, di sociologia, di psicologia; inoltre mancava ogni pubblicità di ciò che accadeva nel mondo. La conoscenza precisa e ampia che abbiamo oggi ci dà una coscienza permanente dell'estremo pericolo che attraversiamo, del carattere precario della società in cui viviamo. Confrontiamo questa nostra conoscenza con i grandi sommovimenti del passato. L'antico senso di crisi aveva una prevalente intonazione religiosa. Si attendeva una prossima fine del mondo come castigo divino. L'uomo assisteva passivo, cosciente del suo limite, cioè quello di non poter capovolgere la direzione di un processo sociale. Secondo Huizinga questa convinzione della non-capovolgibilità è riassumibile nel concetto di sviluppo, che indica una necessità limitata. Sviluppo si oppone diametralmente ai concetti di capovolgimento, di marcia a ritroso: un ritorno all'antico quindi non può darsi, vi è solo un avanzare. Noi possiamo giudicare il processo storico come un caso chiuso, dove tuttavia vi sono epoche ben distinte, contrassegnate da evidenti caratteri di crisi. Tali epoche sono:

1. Il passaggio dall'antichità al medioevo;
2. Il passaggio dal medioevo ai tempi moderni;
3. Il passaggio dal XVIII al XIX secolo;
4. Il passaggio degli ultimi quarant'anni circa.

Tutto cambia. Nulla cambia. Entrambi questi *cliché* sono veri. Una delle affermazioni più importanti della sociologia mondiale è che nella storia dell'uomo ci sono grandi spartiacque. Uno di questi è la cosiddetta rivoluzione neolitica o agricola, l'altro è la creazione del mondo moderno. Servendoci di intervalli orizzontali per esprimere la melodia, e verticali per l'armonia, in musica stabiliamo una relazione, un movimento, che nell'insieme rappresenta l'asse su cui ruota la totalità della sua essenza. Allo stesso modo per quanto riguarda la storia sociale, una volta definiti i periodi visti come fasi ascendenti e discendenti, è possibile stabilire un asse cardinale su cui far ruotare la vita di tutti i popoli. Quest'asse appare situato intorno al 500 a. C. Lì si trova la più netta demarcazione della storia. Karl Jaspers in *Vom Ursprung und Ziel der Geschichte* (1949) lo definisce "periodo assiale". Nell'arco di tempo tra l'800 e il 200 a. C. in Cina vissero Lao-tse e Confucio, in India apparvero le Upanishad, meditò Buddha, in Iran Zarathustra, in Palestina fecero la loro apparizione i profeti da Elia a Isaia, Geremia, fino a Deutero-Isaia. La Grecia vide Omero, i poeti tragici, i filosofi: Talete, Anassimandro, Eraclito, Parmenide. La convergenza globale veniva di lì a poco a scomparire: Oriente ed Occidente prenderanno strade diverse e non si incontreranno più. Jaspers in *Philosophie* (1932) afferma che il senso di quest'opposizione è espresso dall'accentuazione di uno dei termini che compongono l'antitesi sfida e abbandono. L'uomo occidentale trovò il senso della propria origine nella ribellione di Prometeo e in Adamo. L'Oriente non ha mai contrapposto l'uomo all'essere, così da generare quella serie di dualismi in cui si è espressa la metafisica occidentale. L'uomo orientale non ha accettato la sfida, non ha promosso personaggi che sono andati oltre i propri limiti. Sempre secondo Jaspers, la potenza raggiunta dall'Occidente consente la soppressione dell'Oriente e la nascita di un uomo qualitativamente diverso perché generato dalla *techne* e non dal *logos*. Rispetto al *logos* l'uomo della *techne* è smisurato, e da questo fatto la civiltà occidentale oggi sembra a prima vista trarne vanto. Il cosmo diventa mondo da dominare, da assoggettare. Il greco della *fysis* non ha bisogno di dimostrare l'origine della natura. Il nascere e il morire appartengono al *kosmos* e non ad una volontà creatrice. E' nel messaggio biblico che nasce l'idea della progressione del tempo misurato in un prima e in un poi. Ci troviamo quindi di fronte a due concezioni del tempo: quello ciclico e quello storico. Eraclito di Efeso, vissuto fra il VI e V secolo a. C., è il personaggio emblematico del senso dinamico delle cose. Egli porta a livello adeguato la tematica del "*panta rei*" ("tutto scorre", "tutto si muove", nulla resta immobile e fisso). Lo scorrere perenne delle cose e il divenire universale si rivelano come armonia di contrari, ossia come il conciliarsi di contendenti. Nel concetto di armonia, gli opposti coincidono. Nel frammento 30 dice:

"Questo cosmo, di fronte al quale ci troviamo e che è lo stesso per tutto e per tutti, non è stato creato né da un Dio né dall'uomo. Era già, è, e sarà sempre. Il fuoco del suo logos divampa eternamente e si spegne di nuovo secondo tempi immutabili". [16]

Ad Eraclito si è soliti contrapporre Parmenide, anch'egli vissuto fra il VI ed il V secolo a. C. Il gran principio parmenideo è questo: l'essere è e non può non essere; il non essere non è, e non può in alcun modo essere. Pensare ed essere coincidono. L'essere non ha passato perché il passato è ciò che non è più, e neppure un futuro che non è ancora, ma è presente eterno, senza inizio né

---

16 ERACLITO DA EFESO, *Frammento 30*

fine. L'essere di conseguenza è anche immutabile ed immobile. Alla scuola eleatica quindi possiamo attribuire la rottura dell'unità del logos. Ebbe inizio così una tendenza di pensiero, che alla fine condusse alla separazione tra spirito e materia e ad un dualismo che divenne caratteristico della filosofia occidentale. Un tentativo di conciliazione fra le concezioni dell'immutabilità di Parmenide e l'eterno divenire di Eraclito portò al concetto di atomo, e trovò la sua espressione più chiara nella filosofia di Leucippo e Democrito. Ma la separazione tra spirito e materia rimase netta. Ancor oggi il pensiero, sia esso scientifico, umanistico o religioso, risente ancora fortemente delle matrici dualistiche, e quest'atteggiamento rappresenta un nostro grande limite. Non ci si può muovere senza che un tassello dell'intero mosaico non venga coinvolto nel movimento stesso. Dovremmo prendere maggior coscienza che ad ogni azione corrisponde una reazione. La costruzione di edifici in ogni luogo senza alcun limite e razionalità, l'eccesso di popolazione e la tecnologia industriale hanno contribuito in vari modi a una grave degradazione dell'ambiente naturale da cui noi dipendiamo per intero per la nostra vita. La nostra salute e il nostro benessere ne risultano perciò gravemente danneggiati. Le nostre città sono ricoperte da una coltre di smog soffocante. Oltre che dall'inquinamento dell'aria, la nostra salute è minacciata anche dall'acqua che beviamo e dal cibo che mangiamo, entrambi contaminati da una grande varietà di sostanze chimiche tossiche, per non parlare dei cibi transgenici. Al deterioramento del nostro ambiente naturale si è accompagnato un corrispondente aumento dei problemi sanitari degli individui. Sul versante psicologico depressione, schizofrenia e altri disturbi psichiatrici pare scaturiscano da un parallelo deterioramento del nostro ambiente sociale. Ci sono numerosi segni di disgregazione, fra cui l'aumento di crimini violenti, degli incidenti e dei suicidi, l'espansione dell'alcoolismo, dell'uso di droghe e l'abuso di farmaci. La popolazione giovanile è quella sottoposta a maggiore esposizione. Il diffondersi dei "baby killer", soprattutto nelle aree metropolitane dei paesi più ricchi, è drammatico. Al tempo stesso il bollettino che annuncia la perdita di giovani vite in conseguenza di incidenti stradali, soprattutto di notte e di ritorno da serate "danzanti", sembra provenire da un fronte di guerra. Parallelamente a queste forme di patologia sociale stiamo osservando anomalie economiche. La minaccia dell'inflazione, l'incubo della disoccupazione o dell'espulsione dai cicli lavorativi in età ancora giovane, la distribuzione ingiusta del reddito e della ricchezza sono diventati caratteri strutturali della maggior parte delle economie nazionali. Potremmo andare oltre per ore citando episodi o riportando articoli di giornali, di telegiornali, interviste a premi Nobel, conferenze, vertici internazionali, ma gli accenni di cui sopra, crediamo siano sufficienti per presentare il quadro della situazione. Qualsiasi argomento di cui si voglia parlare ha in sé, alla sua radice, una stessa dinamica di base. Provare a chiarire questa dinamica serve ad indicare le direzioni per un mutamento, ciò che il fisico e filosofo Fritjof Capra chiama "inversione di marea". Il pensiero occidentale è ad un bivio: o continuare in questa corsa senza limiti con tutti i vantaggi, ma anche con le drammatiche conseguenze che abbiamo visto, oppure cercare un nuovo "paradigma",[17] una nuova visione della realtà, un mutamento fondamentale nei nostri pensieri, percezioni e valori. L'inizio di questo mutamento consiste nel passaggio da una concezione meccanicistica ad una olistica [18] della realtà. L'approccio dualistico caratterizza in larga misura il pensiero occidentale, al contrario quello olistico sembra più confacente al pensiero orientale. Appare utile a questo punto del discorso, farvi un cenno. Fra le

---

17 Dal greco *paradigma* = modello

18 Il termine "olistico", dal greco *holos* (tutto), si riferisce a una comprensione della realtà in funzione di totalità integrate le cui proprietà non possono essere ridotte a quelle di unità minori

varie espressioni culturali, il pensiero cinese, appare ancor oggi quello che riscuote maggior interesse da parte occidentale. La Cina rappresenta dal punto di vista socioeconomico una meta privilegiata, grazie soprattutto alle recenti aperture, e alla conseguente corsa agli investimenti. Immanuel Wallerstein ha insegnato nel dipartimento di sociologia della State University di New York fino al 1971 e Binghampton dal 1976 al 1999; è autore del libro *Il sistema mondiale dell'economia moderna*, edito in tre volumi. Nel primo capitolo del primo volume intitolato I presupposti medievali, cerca di analizzare e rispondere al perché la tecnologia si sviluppa in Europa, quando agli inizi del 1400 il livello tecnologico della Cina era superiore. La questione non è di facile risoluzione. Da un lato, s'adducono ragioni di tipo culturale, in quanto la cultura confuciana mostrava uno stimolo di rinnovamento minore rispetto a quella europea. Wallerstein tuttavia riconduce l'origine dell'immobilismo ad una dimensione critica piuttosto che a una culturale. La differenza fondamentale, fra un economia-mondo [19] ed un impero-mondo, [20] è che nella prima forma la dialettica fra unità economica e strutturalità politica è molto più dinamica. Le parti cioè, con una serie di conflitti fra loro, si muovono in maniera più audace rispetto all'impero-mondo. Il superiore benessere della Cina alla lunga diventa elemento frenante, mentre la maggior parcellizzazione, le tensioni interne all'Europa, e anche la differente capacità dell'agricoltura di sostenere la popolazione, obbligano molti stati europei ad andare a cercare risorse all'infuori dei propri confini. Il capitalismo in Europa, nel Quattrocento, si trova a scontrarsi con un sistema feudale in crisi, abbastanza forte, ma non sufficientemente da bloccarlo. Da questo nasce la vittoria del

---

19 Questo termine, coniato da Fernand Braudel, significa un'ambiente nel sistema economico che rappresenta un'unità sostanzialmente autosufficiente. L'Europa del 1500 ad esempio era un'economia-mondo. In questo sistema abbiamo un controllo economico, un sistema economico che non è controllato da un'unica entità politica ma al suo interno convivono più entità indipendenti.

capitalismo. In Cina non abbiamo invece un sistema feudale dove il potere economico, politico, si trasmette in maniera ereditaria. Il capitalismo cinese si trova con un sistema morbido, con un sistema che non gli impone degli ostacoli ma al tempo stesso non sviluppa una capacità aggressiva, per cui tale sistema rimane in equilibrio e ha uno sviluppo più armonico, che se da un lato evita una serie di tensioni, al tempo stesso smorzando le stesse, dall'altro blocca la dinamicità e la possibilità di predominio. Cina ed Europa nel modello di Wallerstein rappresentano due opposti, perciò lo studio comparativo è molto utile per capire chi era l'Europa e perché abbia avuto un ruolo superiore alla Cina, pur avendo delle condizioni di partenza nel XVI secolo inferiori rispetto alla Cina stessa. Nel sesto secolo a. C., i due aspetti della filosofia cinese dettero origine ad altrettante scuole filosofiche distinte, il Confucianesimo e il Taoismo. Il primo era la filosofia dell'organizzazione sociale, del senso comune e della conoscenza pratica. Il secondo, viceversa, s'interessava principalmente all'osservazione della natura e alla scoperta della Via, o Tao. Queste due tendenze di pensiero rappresentano poli opposti della filosofia cinese, ma in Cina esse furono sempre considerate aspetti diversi di una sola e medesima natura umana, e pertanto complementari. Nei secoli undicesimo e dodicesimo, la scuola neoconfuciana tentò una sintesi del Confucianesimo, del Buddhismo e del Taoismo, che culminò nella filosofia di Chu Hsi, uno dei maggiori pensatori cinesi, il quale incorporò elementi di tutte e tre le tradizioni nella sua sintesi filosofica. Il Confucianesimo trae il suo nome da K'ung fu-tzu, o Confucio. I suoi insegnamenti si basavano sui cosiddetti Sei Classici. Le sue idee personali divennero note attraverso il Lun Yu, o Analecta confuciana, una raccolta d'aforismi che fu compilata da alcuni discepoli. Il fondatore del Taoismo fu Lao-tzu, contemporaneo

Economia-mondo secondo il modello di Wallerstein si divide in tre aree: una centrale rappresentata dagli stati che detengono il controllo dei flussi economici, un'area semiperiferica ed un'area periferica.

più anziano di Confucio. A lui è attribuito un breve libro di aforismi che in Cina è chiamato Lao-tzu, mentre in Occidente è noto come Tao-te-ching. In particolare il pensiero taoista trova la sua massima espressione nel libro degli I Ching, o Libro dei Mutamenti, considerato il primo dei sei classici confuciani. Pare che questo libro risalga al XII secolo a. C., benché nella sua forma attuale sia un'elaborazione di testi anche più recenti, alcuni risalenti fino al 250 a. C. Nei secoli l'I Ching divenne un libro sacro, studiato anche nelle accademie. Dobbiamo alla scuola di Lao-Tzu la compilazione della maggior parte dei commentari del testo. In Occidente la fortuna dell'I Ching deve molto al sinologo tedesco Richard Wilhelm, discepolo di un maestro cinese di nome Lau Nai-Suan. Il suo volume *I King* fu pubblicato nel 1924. L'attenzione dei Cinesi non è diretta verso le cose nel loro essere, come avviene nel pensiero occidentale, bensì è rivolta al mutamento delle stesse nell'atto della loro trasformazione. Il messaggio fondamentale dell'I Ching è rappresentato dall'eterno mutamento dell'Essere, soggetto a quella legge che regola il Tutto, al Tao. Il carattere principale del Tao è la natura ciclica. L'idea di configurazioni cicliche nel moto del Tao acquistò una struttura definitiva con l'introduzione delle polarità opposte yin e yang. Il carattere dinamico dello yin e dello yang è illustrato dall'antico simbolo cinese chiamato T'ai-chi T'u, o "Diagramma della Realtà Ultima" (vedi figura). Questo diagramma è una disposizione simmetrica dell'oscuro yin e del luminoso yang, ma la simmetria non è statica, ma rotazionale e richiama alla mente un movimento ciclico continuo. I due punti nel diagramma rappresentano l'idea che ogni volta che una delle due forze arriva al suo massimo, essa contiene già in se stessa il seme del suo opposto.

---

20 E' l'antagonista in termini concettuali rispetto ad economia-mondo. La Cina nel 1500 ad esempio era un impero-mondo. In tale sistema abbiamo la coincidenza del controllo politico con il controllo economico.

Proseguendo l'analisi sulla trasformazione sociale corrente, può essere di aiuto ricorrere al modello di dinamica culturale, che sarà fondato in parte su idee di Arnold J. Toynbee sull'ascesa e sulla caduta di civiltà, sulla nozione tradizionale di un ritmo universale fondamentale che dà origine a modelli culturali fluttuanti, sull'analisi di Sorokin della fluttuazione di sistemi di valori, e sull'ideale di transizioni culturali armoniche descritto nell'I Ching. Come alternativa principale a questo modello, che è ad esso connessa differendone sotto vari aspetti, è la concezione marxista della storia, nota come materialismo dialettico o storico. Secondo Karl Marx le radici dell'evoluzione sociale risiedono non in un mutamento di idee o di valori, ma in sviluppi economici e tecnologici. Tuttavia anche questa visione marxista della dinamica culturale, essendo fondata sulla nozione hegeliana di un mutamento ritmico ricorrente, non differisce sotto questo aspetto dagli altri modelli citati.

La dinamica sociale e culturale secondo la ricerca di Pitirim Sorokin

Il sociologo Pitirim Sorokin (Turya, 21 gennaio 1889 – Winchester, 10 febbraio 1968) nella monumentale opera in quattro volumi scritta fra il 1937 e il 1941, *La dinamica sociale e culturale*, dedica la terza parte allo studio della fluttuazione dei sistemi di verità e di conoscenza, esaminando se nella storia della cultura greco-romana e occidentale la rispettiva influenza ed il successo riscosso dai vari sistemi si siano mantenuti costanti o no, se v'è stato un "progresso" o una "tendenza storica", se in queste fluttuazioni è riscontrabile una qualche "periodicità", se vi sono "cicli", oppure soltanto alti e bassi non periodici, senza uniformità di tempo e di ritmo. Le fluttuazioni sono studiate dal 580 circa a. C. al 1920. Lo studio consiste in una stima approssimativa degli aumenti e delle diminuzioni riscontrabili, rispetto alla diffusione ed all'influenza delle diverse correnti di pensiero, rilevabili in primo luogo dal numero di autori che hanno parteggiato per una determinata corrente. Ciò è stato calcolato per periodi di venti anni in venti anni, e di cento anni in cento anni; in secondo luogo, si è tenuto conto del "peso" o influenza relativa di ciascuno di questi autori, per ogni periodo. Nel fare ciò a ciascuno è stato assegnato un peso diverso, secondo una scala da uno a dodici: a pensatori che hanno esercitato un'influenza maggiore di altri, è assegnato un peso massimo, vale a dire dodici; viceversa, a pensatori di minore influenza è attribuito il peso uno, mentre a tutti gli altri sono assegnati pesi intermedi. Si è proceduto quindi alla costruzione della scala d'influenza. Sono seguite le fluttuazioni di sei correnti epistemologiche fondamentali:

Empirismo [21],
Razionalismo religioso o ideazionale e razionalismo idealistico[22],
Misticismo[23],
Scetticismo[24],
Fideismo[25],
Criticismo[26]

Di esse, razionalismo religioso, misticismo e fideismo incorporano principalmente le verità di fede; il razionalismo

21 La sola fonte di conoscenza e di verità è la percezione sensibile.

22 Fa riferimento a due sistemi di verità diversi pur avendo un tratto generico in comune. Si distinguono il razionalismo ideazionale e il razionalismo idealistico. Entrambi asseriscono che la verità è conoscibile. Il razionalismo

31

idealistico le verità di ragione, infine l'empirismo le verità dei sensi. Il primo risultato che esamineremo riguarda gli indici di fluttuazione dell'influenza dei principali sistemi di verità visti in un periodo di un secolo. Leggiamo i dati della tabella 1:

TABELLA 1 - Indici di fluttuazione dell'influenza dei principali sistemi di verità è per periodi di un secolo (secondo una scala di valori dell'influenza da 1 a 12)

PERIODO	Empirismo %	Razionalismo %	Misticismo %	Criticismo %	Scetticismo %	Fideismo %
600-500 a.C.	19,4	80,6	0	0	0	0
500-400	19,2	50,8	0	0	30,0	0
400-300	14,6	42,0	8,0	0	25,4	10,0
300-200	21,7	21,7	0,6	0	17,8	38,2
200-100	19,6	28,6	1,8	0	21,4	28,6
100-0	24,3	24,3	6,5	0	6,5	38,4
0-100 d.C.	2,3	14,6	30,3	0	0	52,8
100-200	6,7	23,0	46,0	0	8,0	16,3
200-300	24,8	12,8	57,1	0	4,5	0,8
300-400	15,2	34,4	50,4	0	0	0
400-500	17,7	44,7	43,6	0	0	0
500-600	1,6	72,6	25,8	0	0	0
600-700	0	65,0	35,0	0	0	0
700-800	0	100	0	0	0	0
800-900	0	67,7	32,3	0	0	0
900-1000	0	75,0	25,8	0	0	0
1000-1100	7,7	43,6	28,2	0	0	20,5
1100-1200	14,3	41,8	40,7	0	0	3,2
1200-1300	12,8	71,4	15,8	0	0	0
1300-1400	17,2	51,3	24,7	0	4,3	2,5
1400-1500	7,2	35,7	47,6	0	0	9,5
1500-1600	15,8	29,0	33,6	0	13,8	7,8
1600-1700	29,6	40,1	23,3	0	4,7	2,3
1700-1800	37,5	30,6	18,9	6,0	4,0	3,0
1800-1900	42,6	21,1	17,2	10,3	2,8	6,0

Mettendo a confronto i sistemi di verità che sono in diretto contrasto tra loro, abbiamo:

---

ideazionale o religioso è la cosiddetta verità di fede. Il razionalismo idealistico attribuisce alla ragione il ruolo fondamentale.

23 La rivelazione è fonte suprema della verità e della conoscenza certa. Ha varie forme. Schematizzando: misticismo della disperazione e lo stato di trance.

Periodi	Fideismo	Scetticismo	Empirismo	Razionalismo
Dal 500 a.C al 100 d.C.	185	137	133	264
Dal 100 al 1500	52	29	145	515
Dal 1500 al 1900	132	113	1060	755
Totale	369	279	1338	1534

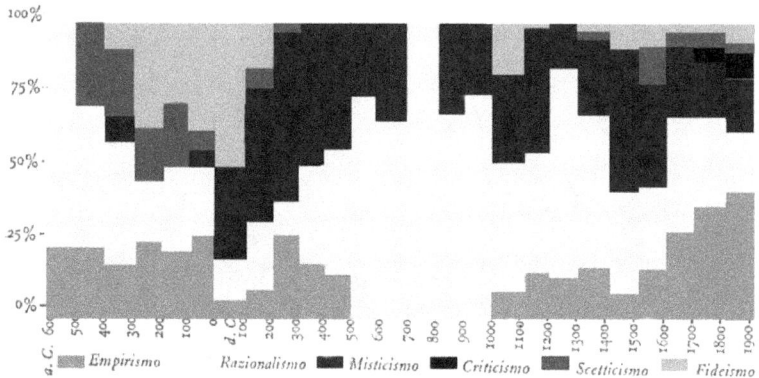

GRAFICO 1 – *Fluttuazione dell'influenza dei sistemi di verità per periodi di un secolo.*

Questi dati ci offrono un'immagine del principio di autoregolazione immanente dei processi socioculturali. All'azione segue la reazione. Quando una corrente si estremizza le filosofie competitrici diventano anch'esse più rigide. Nel periodo considerato, la somma degli indici di ciascuna corrente di pensiero, e dei tre sistemi di verità corrispondenti, è la seguente:

---

24 Non si può conoscere nulla con certezza.

25 Connesso allo scetticismo, però ritiene anche che la certezza intorno a verità fondamentali può essere ottenuta per mezzo della volizione, volontà di credere, istinto, voce di natura, e così via.

33

Fideismo	369
Scetticismo	279
Misticismo	1039
Criticismo	197
Empirismo	1338
Razionalismo	1534
Verità di fede	1650
Verità di ragione	1292
Verità dei sensi	1338
Scetticismo e criticismo	476

Questi dati mostrano che, nelle culture considerate, il razionalismo, sia religioso sia idealistico, è stato il sistema di verità più influente, seguito dall'empirismo, misticismo, fideismo, scetticismo e criticismo. Un forte punto di svolta nel rapporto fra questi sistemi di verità possiamo fissarlo nella crisi tra il XIV e il XV secolo, che prepara l'ascesa del sistema empirico di verità tra il XVI ed il XX secolo. Da quest'epoca in poi, tra scienza, filosofia e religione vi sarà sempre meno cooperazione e sempre più conflitto. Fissato l'anno zero all'epoca delle grandi scoperte scientifiche, passiamo ad esaminare più da vicino questo periodo, legando il processo di sviluppo in generale al parallelo sviluppo dei processi in fisica. Fra il 1500 e il1700 ci fu un mutamento molto grande nel modo in cui la gente si raffigurava il mondo e nell'intero modo di pensare. Prima del 1500 la concezione dominante era organica; la cornice scientifica di tale visione si fondava su due autorità: Aristotele e la Chiesa. La nozione di un

---

26 Possiamo avere conoscenza unicamente del mondo fenomenico o empirico, mentre la realtà ultima, sia che esista sia che non esista, è inaccessibile e non è necessario conoscerla.

universo organico fu sostituita da quella del mondo macchina, e tale macchina divenne la metafora dell'era moderna. Questo sviluppo fu determinato da mutamenti rivoluzionari in fisica e in astronomia, culminati nell'opera di Copernico, di Galileo e di Newton. René Descartes è considerato di solito il fondatore della filosofia moderna. La sua prospettiva filosofica risentì fortemente della nuova fisica e della nuova astronomia. Egli non accettò alcuna conoscenza tradizionale, ma si apprestò a costruire un sistema di pensiero del tutto nuovo. Percepì nel lampo di un'intuizione improvvisa le "fondamenta di una mirabile scienza" che prometteva l'unificazione di tutto il sapere. Il metodo di pensiero di Descartes e la sua visione della natura hanno esercitato un'influenza su tutti i settori della scienza moderna, e hanno svolto un ruolo importante nel determinare lo squilibrio culturale attuale. Per portare a compimento il suo piano della costruzione di una scienza della natura completa ed esatta, egli sviluppò un nuovo metodo di ragionamento che presentò nel suo libro più famoso, il *Discorso sul metodo*. Il punto cruciale del metodo di Descartes è il dubbio radicale. Egli dubita di tutto ciò di cui si può dubitare, fino a raggiungere l'unica certezza di cui non può dubitare, l'esistenza di se stesso come pensatore. In tal modo perviene alla sua affermazione famosa: "*Cogito ergo sum*" (penso, dunque sono). Da ciò Descartes deduce che l'essenza della natura umana risiede nel pensiero, e che tutte le cose che concepiamo in modo chiaro e distinto sono vere. Una tale concezione chiara e distinta la chiama "intuizione", e afferma che "non ci sono vie alla conoscenza certa della verità aperte all'uomo tranne l'intuizione evidente e la deduzione necessaria". Il metodo di ragionamento di Descartes è analitico: è probabilmente il massimo contributo dato da Descartes alla scienza. Egli asserì che "nel concetto di corpo non è incluso nulla che appartenga all'anima; e nulla in quello di anima che appartenga al corpo". La divisione cartesiana fra anima e materia ha avuto un effetto profondo sul pensiero occidentale. Descartes fondò per intero la sua concezione della natura su questo dualismo fondamentale fra due regni indipendenti e separati: quello dello spirito, o *res cogitans*, la "sostanza pensante", e quello della materia, o *res extensa*, la "sostanza estesa". Per Descartes l'universo materiale non era nient'altro che una macchina. Usando questo metodo di pensiero analitico, egli tentò di fornire una spiegazione esatta di tutti i fenomeni naturali nell'ambito di un singolo sistema in princìpi meccanici. L'uomo che realizzò il sogno cartesiano e completò la rivoluzione scientifica fu Isaac Newton. Questi inventò un metodo completamente nuovo per descrivere il moto dei corpi solidi (calcolo differenziale). A tal proposito Einstein lo elogiò come:

"Forse il più grande progresso nel pensiero che un singolo individuo sia mai stato capace di compiere". [27]

Quando la scienza rese sempre più difficile la fede in un Dio, il divino scomparve completamente dalla visione scientifica del mondo, lasciandosi dietro quel vuoto spirituale che è divenuto tipico della corrente principale della nostra cultura. La base filosofica di questa secolarizzazione della natura fu la divisione cartesiana fra spirito e materia. Il Settecento e l'Ottocento usarono la meccanica newtoniana con un successo enorme. La fede nell'approccio razionale ai problemi umani divenne nota come l'Età dell'Illuminismo. La figura dominante in questo sviluppo fu il filosofo John Locke. Egli sviluppò una visione atomistica della società, descrivendola in funzione del suo elemento basilare, l'essere umano. L'analisi della natura umana compiuta da Locke si fondò su quella di un filosofo anteriore, Thomas Hobbes, il quale aveva dichiarato che tutta la conoscenza si fondava sulla percezione sensoriale. A Locke possono essere ricondotti gli ideali dell'individualismo, dei diritti alla proprietà,

27 FRITJOF CAPRA, *Il Tao della fisica*, Milano, Adelphi, p. 66

dei mercati liberi e del governo rappresentativo. Uno degli sviluppi ottocenteschi fu la scoperta e l'investigazione di fenomeni elettrici e magnetici. Faraday e Maxwell furono i primi ad andare oltre la fisica newtoniana; la loro teoria fu chiamata elettrodinamica. Sorse una nuova tendenza di pensiero che andava oltre l'immagine della macchina del mondo newtoniana; essa implicava l'idea di evoluzione: di mutamento, di crescita e di sviluppo. La scoperta dell'evoluzione in biologia (Jean Baptiste Lamarck e successivamente Darwin) costrinse gli scienziati ad abbandonare la concezione cartesiana del mondo come macchina uscita completamente costruita dalle mani del suo Creatore. Il primo gran risultato conseguito da questa nuova scienza fu la scoperta di una fra le leggi fondamentali della fisica, la legge della conservazione dell'energia,[28] nota come prima legge della termodinamica. Essa fu seguita dalla seconda legge, formulata da Sadi Carnot, quella della dissipazione dell'energia.[29] L'energia meccanica si dissipa in calore e non può essere recuperata completamente. S'innestano processi che hanno in comune il fatto che procedono in una certa direzione - dall'ordine al disordine - e questa è la formulazione più generale della seconda legge della termodinamica. Rudolf Clausius introdusse una nuova quantità, da lui chiamata "entropia". La formulazione del concetto di entropia e della seconda legge della termodinamica fu uno fra i contributi più importanti alla fisica nell'Ottocento. All'inizio della fisica moderna si pone la straordinaria impresa intellettuale di Albert Einstein. Einstein nel 1905 diede inizio a due tendenze rivoluzionarie: la teoria della relatività speciale o ristretta e il nuovo modo di considerare la radiazione elettromagnetica, che diventerà tipico della teoria quantistica, la teoria dei fenomeni atomici. La nuova fisica richiedeva profondi mutamenti nei concetti di spazio, tempo, materia, oggetto e di

28 Secondo questa legge, l'energia totale implicata in un processo si conserva sempre. L'energia può trasformarsi nei modi più complessi, ma nessuna sua parte va mai perduta.

rapporto causale, e la loro trasformazione fu sentita come un grande trauma.

La fluttuazione delle concezioni lineare, ciclica e mistica

Continuando ad esaminare la terza parte della *Dinamica sociale e culturale*, Sorokin affronta nel VII paragrafo la fluttuazione dei processi cosmici, biologici e socioculturali. Le risposte al problema "donde veniamo, dove andiamo" sono raggruppate nelle seguenti classi:

1. Concezioni lineari
2. Concezioni cicliche
3. Concezioni miste

In quest'ultima sono incluse le concezioni della ricorrenza erratica o variabile. La più antica concezione greca a noi nota è la teoria regressiva di Esiodo; similmente in Omero vi era un passo che raffigura il passato come migliore del presente.

Principali esponenti della teoria regressiva:

• Omero
• Esiodo

Le teorie del VI secolo e della prima metà del V sono quasi uniformemente cicliche. Tali concezioni restarono preminenti fino al IV, secolo anche se qualcosa mutava.

---

29 Secondo questa legge mentre l'energia totale implicata in un processo è sempre costante, la quantità di energia utile diminuisce, dissipandosi in calore, attrito e così via.

Principali esponenti della teoria ciclica:
* Pitagora
* Filolao
* Eraclito
* Empedocle
* Anassimandro
* Anassimene
* Platone
* Aristotele

Il III secolo a. C. ed i successivi sino al III d. C., con l'ascesa dei centri ellenistici (in primis Alessandria d'Egitto) e il declino della Grecia continentale, segnano una continuazione di concezioni lineari progressive non del tutto sviluppate e una rinascita di concezioni cicliche ed oscillatorie ad opera degli stoici, dei neoplatonici e di altri. Il panorama è reso ancor più complesso dalla concezione cristiana con cui assistiamo alla ripresa di concezioni cicliche. La terza corrente, non molto rilevante, nei secoli III e II a. C. è la teoria regressiva "eclettica" della decadenza effettiva o eventuale dell'umanità.

Lineari progressive (eclettiche)	Teoria ciclica	Teoria regressiva (eclettica)
Principali esponenti:	Principali esponenti:	Principali esponenti:
* Polibio	* Zenone	* Igino
* Diodoro siculo	* Crisippo	* Ovidio
* Lucrezio	* Posidonio	* Tibullo
* Cicerone	* Seneca	* Stazio
* Virgilio	* Plutarco	* Corpus ermetico
* Orazio	* Plotino	* Asclepio
* Vitruvio	* Porfirio	
* Plinio il vecchio	* Apuleio	
* Galeno	* Proclo	

Nei secoli di transizione, e particolarmente tra il II a. C ed il IV d. C., abbiamo la compresenza di tre correnti: una in cui si esprime l'ancora persistente ottimismo della decadente cultura sensistica; l'altra in cui si esprime il presentimento ed il pessimismo ispirato dal suo declino; e la terza, ciclica, in cui si esprimono la genesi e lo sviluppo della sopravveniente cultura ideazionale. Con il trionfo del Cristianesimo noi entriamo, dopo il IV secolo d. C., nella fase ideazionale della cultura europea. Riguardo alla storia generale del mondo e dell'umanità la concezione cristiana ritiene che il mondo empirico abbia una durata finita nel tempo e che il tempo stesso abbia carattere finito. Tale concezione rimase uguale per tutto il medioevo, pur convivendo con l'antica tradizione astrologica e ciclica. Si avvertì difatti l'incompatibilità del credo cristiano con la concezione dell'eterno ritorno delle cose, l'eterno dissolversi e rinascere dell'universo, proclamato dalle teorie dell'*annus magnus*. Nei tre secoli successivi al XIII, le due correnti (quella escatologica e quella ciclica) continuano ad essere quasi le due uniche esistenti.

Principali esponenti delle correnti escatologiche e cicliche:

• Ugo di San Vittore
• Tommaso d'Aquino
• Alberto Magno
• Gioacchino da Fiore
• Ruggero Bacone
• Vincenzo di Beauvais

Verso la fine del XV secolo ed entrando nel XVI le teorie cicliche mantengono una posizione di prevalenza, pur staccandosi la componente astrologica. A partire dal XVIII secolo assistiamo ad un rapido dilagare della concezione progressiva della storia umana.

Principali esponenti della concezione progressive:

* Abate di St. Pierre
* Montesquieu
* Voltaire
* Turgot
* Hume
* Smith
* Gli enciclopedisti
* Condorcet
* Kant

Poche voci continuano a richiamarsi alle concezioni cicliche: una di queste è Gian Battista Vico. Il linearismo progressivo è il nuovo sole nascente. Dopo Turgot, Lamarck, Condorcet e poi Saint-Simon e Comte in Francia; Lessing, Kant e Herder in Germania, i deisti inglesi, Spencer, Darwin, l'idea di evoluzione o di progresso lineare diventa la categoria dominante della mentalità del XVIII e più ancora del XIX secolo. Tra la fine del secolo XIX e l'inizio del XX si nota una tendenza alla ricomparsa e allo sviluppo di concezioni cicliche e oscillatorie atendenziali soprattutto nei processi socioculturali. L'attenzione è attratta sempre più dagli aspetti ciclici o ricorrenti. L'enunciazione della teoria dell'eterno ritorno ciclico di Nietzsche e il successo incontrato da opere come Il declino dell'Occidente di Spengler ne sono una valida testimonianza.

La fluttuazione di idealismo e materialismo

Sorokin passa ad analizzare i principi relativi alla natura della realtà ultima quali: determinismo e indeterminismo, assolutismo e relativismo, eternismo e temporalismo. Le soluzioni sono raggruppate in tre classi:

1. Idealismo
2. Materialismo
3. Mista

Quest'ultima classe comprende teorie che non rientrano in nessuna delle due precedenti.

L'idealismo è quel sistema d'ideologia secondo cui la realtà ultima è di carattere spirituale. Possiamo ridurre le sue varie forme in due classi fondamentali:

1. Idealismo monistico
2. Idealismo pluralistico

Per materialismo, s'intende quella filosofia secondo cui la realtà ultima è materia. Due sono le specie importanti:

1. Materialismo ilozooistico[30]
2. Materialismo meccanicistico.

La terza categoria, quella mista, comprende sistemi come lo scetticismo, l'agnosticismo, la filosofia critica.

---

30 Che attribuisce alla materia una sorta di vita e ritiene che la realtà ultima sia materia vivente.

TABELLA 3 - Andamento di idealismo, materialismo e sistemi misti per periodi di un secolo

| | Idealismo | | Materialismo | | Misti |
| | Pluralistico | Monistico | Ilozooistico | Meccanicistico | |
Periodo	%	%	%	%	%
600-500 a.C.	25,8	16,1	58,1	0	0
500-400	25,4	17,0	23,7	8,5	25,4
400-300	34,9	21,4	12,0	7,3	24,4
300-200	4,1	24,3	36,7	14,2	20,7
200-100	1,4	25,4	29,6	15,5	28,1
100-0	27,3	10,9	29,1	23,6	9,1
0-100 d.C.	35,1	18,1	45,5	1,3	0
100-200	57,7	16,6	14,3	2,9	8,5
200-300	71,3	15,9	8,3	3,0	1,5
300-400	90,2	0	8,9	0,9	0
400-500	88,9	0	11,1	0	0
500-600	100	0	0	0	0
600-700	100	0	0	0	0
700-800	100	0	0	0	0
800-900	100	0	0	0	0
900-1000	100	0	0	0	0
1000-1100	100	0	0	0	0
1100-1200	100	0	0	0	0
1200-1300	93,4	6,6	0	0	0
1300-1400	81,5	2,7	9,5	0	6,3
1400-1500	84,1	15,9	0	0	0
1500-1600	67,4	14,8	2,1	3,4	12,3
1600-1700	71,7	6,9	5,2	2,8	13,4
1700-1800	53,0	6,0	4,3	9,9	26,8
1800-1900	45,3	10,6	6,5	6,2	31,4

Raggruppando i dati, possiamo vedere la forza di ciascuna corrente di pensiero riferita ai tre sistemi maggiori:

TABELLA 4 - Influenza relativa dei tre sistemi maggiori

Periodo	Idealismo	Materialismo	Teorie miste
Dal 580 a.C al 100 d.C.	322	304	142
Dal 100 al 600	534	75	21
Dal 600 al 1500	609	18	12
Dal 1500 al 1900	1842	339	753
Dal 1900 al 1920	363	210	329
Totale	3670	946	1257

43

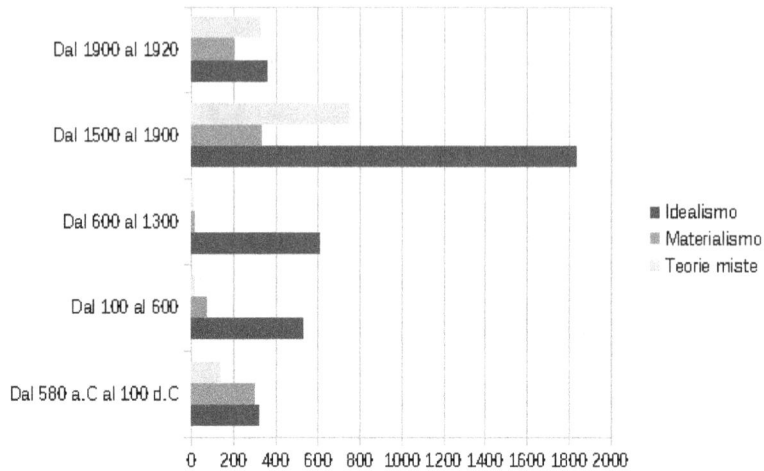

Le teorie idealistiche hanno avuto maggiore influenza, seguite da quelle miste, mentre le materialistiche sono state minime. Un dato emerge con particolare determinazione, ossia che il materialismo, in ogni tempo, è un sistema filosofico relativamente insignificante. In venticinque secoli, non v'è stato un solo periodo in cui esso abbia avuto la supremazia assoluta o una prevalenza in senso netto. Questo dato ci suggerisce una riflessione: è impossibile che una cultura possa sopravvivere unicamente con il materialismo, ed in modo particolare con il materialismo meccanicistico. Di questo risultato dovremmo tener conto nel prosieguo del nostro viaggio. L'osservazione dei dati ci porta inoltre ad una seconda considerazione: i periodi in cui il materialismo ha una fase ascendente coincidono di solito con i momenti precedenti una crisi o durante il suo svolgimento. Questi momenti sono caratterizzati da tempi di disgregazione sociale, demoralizzazione o altri fenomeni del genere.

44

La fluttuazione della mentalità eternistica e temporalistica

Il principio di eternismo si contrappone al principio di temporalismo. Si possono raggruppare le diverse teorie e dottrine in tre classi:

1. La dottrina dell'Essere o eternismo [31]
2. La dottrina del Divenire o temporalismo [32]
3. La sintesi di entrambe

Nel pensiero occidentale i concetti di Essere e Divenire sono associati, come abbiamo già detto, ai filosofi Parmenide e Zenone da una parte ed Eraclito dall'altra. Per quanto concerne la terza classe troviamo valide espressioni in Democrito e Leucippo e più in generale nei sostenitori della teoria atomistica, ma anche, per altre forme, in Platone, i neoplatonici, alcuni peripatetici, i pensatori medievali come Agostino, Tommaso, gli scolastici, fino ad arrivare a Spinoza. Ci serviamo anche per questo studio di una tabella riepilogativa:

---

31 La realtà ultima è l'Essere immutabile, superiore al tempo o presente in ogni tempo

32 La realtà vera è mutamento e flusso incessante

TABELLA 5 - Fluttuazione di eternismo e temporalismo per periodi di 100 anni

Periodo	Eternismo %	Temporalismo %	Equilibrio %
600-500 a.C.	37	33	30
500-400	18	56	26
400-300	16	50	34
300-200	7	53	40
200-100	0	40	60
100-0	7	32	61
0-100 d.C.	18	14	68
100-200	25	15	60
200-300	36	8	56
300-400	42	1	57
400-500	36	0	64
500-600	36	0	64
600-700	48	0	52
700-800	0	0	100
800-900	21	0	79
900-1000	0	0	100
1000-1100	41	0	59
1100-1200	64	0	36
1200-1300	60	0	40
1300-1400	38	2	60
1400-1500	40	0	60
1500-1600	68	18	14
1600-1700	61	24	15
1700-1800	39	41	20
1800-1900	51	33	16

Mettendo a confronto le tabelle 3 e 5 notiamo che la corrente eternistica è connessa alla cultura ideazionale, mentre la mentalità temporalistica è associata alla cultura sensistica. Nel VI secolo a. C., secolo ideazionale, l'eternismo è altissimo; poi decresce dal V al I secolo a. C., durante il quale la cultura sensista è in ascesa come pure il temporalismo. Dopo il I secolo d. C., il temporalismo si avvia al declino fino a scomparire dopo il IV secolo d. C. Per tutto il medioevo sino al XIV secolo, temporalismo, materialismo, empirismo, nominalismo, singolarismo restano latenti. Il medioevo appare come il periodo

46

dell'ideazionalismo esclusivo; l'eternismo è in ascesa come le correnti dell'equilibrio impregnate di elementi eternistici. Il XIV ed il XV secolo sono caratterizzati dal forte declino dell'eternismo e della riapparizione del temporalismo, che si sviluppa in modo rapido e costante sino al XVIII secolo, per poi recedere di poco nel XIX secolo e tornare ad innalzarsi tra il 1900 e 1920. La nostra mentalità diventa sempre più temporalistica. Come prima conseguenza si ha l'enorme sviluppo delle concezioni dinamiche. La validità delle leggi di natura è ritenuta sempre più condizionale e relativistica. Nulla rimane stabile, non v'è alcun punto fisso di riferimento, a partire dalle leggi della fisica come abbiamo già visto. C'è un ritorno al dinamismo dei sofisti come Protagora, Crizia, per i quali tutto è relativo e l'uomo è la misura di tutte le cose. La natura della mentalità temporalistica porta conseguentemente al centro il concetto del tempo misurabile con l'orologio. Il tempo d'orologio regge la nostra mentalità, azione e vita. Oggi non possiamo vivere senza il suo ausilio. Noi viviamo nel presente ed apprezziamo soltanto esso: prevale un atteggiamento volto all'immediato. Altre conseguenze del temporalismo sono la continua accelerazione dei tempi della nostra vita e il ritmo sempre più rapido del mutamento sociale. Prima ancora che un "modello" nuovo abbia tempo di definirsi, ecco che è messo in disparte o rigettato da un "modello", da una "moda" o concezione ancor più nuova. Oggi, soprattutto nel campo dei beni tecnologici, viviamo nella continua obsolescenza. Nulla ha tempo a sufficienza per cristallizzarsi, l'intera vita sociale, vive in una condizione d'instabilità. La conseguenza, è che siamo in completa assenza di certezza, stabilità o sicurezza nella vita intellettuale e sociale. Concentreremo la nostra attenzione nei prossimi capitoli ad un esame più dettagliato di queste accelerazioni, partendo come anno zero dalla prima rivoluzione industriale. Descriveremo le reazioni dei più grandi intellettuali dell'epoca, costretti a vivere dentro questo nuovo mondo, prima definito moderno e poi postmoderno. Essendo il nostro oggetto di riflessione incentrato attorno al problema della comunicazione, vedremo le reazioni di costoro al variare del medium. Analizzeremo cioè le prese di posizioni relative alla comparsa del romanzo letterario ai danni del mondo poetico, del giornale rispetto al romanzo, della radio e televisione rispetto al giornale, di Internet e del mondo digitale rispetto alla vecchia TV, al mondo analogico, ciò che in uno slogan abbiamo definito come passaggio dall'atomo al bit.

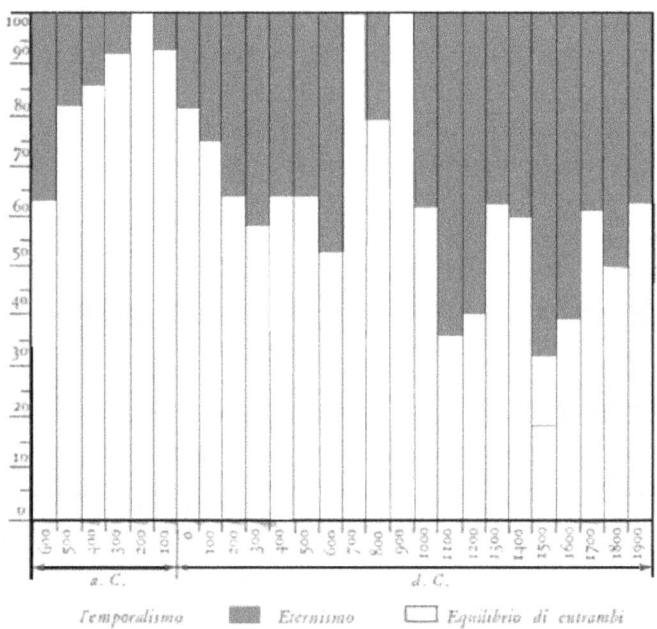

Grafico 4 – Temporalismo, eternismo, equilibrio di entrambi.

48

LA CONDIZIONE MODERNA

Il mondo moderno: l'esaltazione illuminista e la reazione romantica

Immanuel Wallerstein, nell'introduzione a *Il sistema mondiale dell'economia moderna*, divide l'opera in quattro parti principali, corrispondenti alle quattro epoche più importanti del moderno sistema-mondo. La prima parte si riferisce alle origini e alle condizioni iniziali del sistema mondiale, che allora era soltanto europeo, periodo compreso fra il 1450 e il 1640; la seconda riguarda il consolidamento di questo sistema, dal 1640 al 1815. La terza prende in considerazione la conversione dell'economia-mondo in un'impresa globale, resa possibile dalla trasformazione tecnologica dell'industria moderna, dal 1815 al 1917; la quarta infine tratta il consolidamento dell'economia-mondo capitalistica dal 1917 fino ad oggi. Iniziamo a vedere le tappe fondamentali di quest'evoluzione dell'Occidente in base alla rivoluzione industriale. L'economia illuminista borghese in pieno Settecento caldeggia la metropoli. Si augura che questo contenitore diventi sempre più affollato e soprattutto che cresca per ragioni sostanzialmente economiche. Grande ottimismo nella massimizzazione di beni e denaro viene da parte dell'Enciclopedia, nel momento in cui si pongono le basi di questa metropoli sempre più in crescita. Il gesuita Saverio Bettinelli nelle sue *Lettere inglesi* del 1766, nelle quali immagina che un Inglese scriva ad un Italiano, sostanzialmente dice: "La cultura, i lumi, le conoscenze, i rapporti fra i pensieri circolano molto di più in ambienti affollati metropolitani che in uno diradato come quello tradizionale dell'agricoltura e dell'aristocrazia". In altri termini anche le idee funzionano come il denaro; quanto più la gente è ammassata, tanto più circola il denaro, tanto più circolano i beni, tanto più, dice Bettinelli, circolano le idee. Si reca a Londra nel 1828 Heinrich Heine, uno dei maggiori poeti tedeschi, che nei suoi *Appunti di viaggio* ad un certo punto arriva ad esclamare:

"Mandate a Londra un filosofo; per carità, non mandateci un poeta!". [33]

Cosa è successo a Londra tra il reportage di Bettinelli e l'arrivo di Heine? E' successo che si è avuta una prima accelerazione del processo industriale della macchina a vapore applicata ai cicli produttivi. Una serie di persone è stata calamitata da Londra. Quello che era un processo lineare e quasi automatico, per la visione illuministica di Bettinelli, non si è verificato tale. L'arrivo sempre più massiccio di persone dentro questo contenitore non è semplicemente un trasloco. Trasportato a Londra, l'uomo cambia subendo dei traumi. E' il mondo della macchina, della fabbrica, che ci avverte che stanno nascendo dei lavoratori nuovi, e questi fanno capo ad una classe che diventerà portante in tutta la modernità: l'operaio di fabbrica, elemento di quello che Marx chiama il proletariato. L'operaio di fabbrica è una figura completamente diversa sia dall'antico artigiano, sia dall'antico contadino. Il contadino ha tempo e ritmi che seguono la natura: il suo si divide in momenti di grande attività e momenti di grande pausa in funzione delle stagioni. C'è un cambio anche di natura psichica nel momento di passaggio dallo stato di contadino a quello di operaio. Al sorgere dell'industrializzazione tutti cominciano a produrre i beni; interviene la concorrenza, che obbliga ad abbassare i costi, almeno all'inizio. Abbassare i costi significa abbassare la retribuzione a colui che lavora, per la competizione dei prezzi. Heine trova una situazione spaventosa: vede fuori delle fabbriche molta gente affamata che aspetta di lavorare, allo stesso tempo i lavoratori che muoiono di fame perché la paga è sempre più bassa, con turni di lavoro massacranti

---

33 HEINRICH HEINE, "*Londra, Frammenti inglesi (1828), in Germania e Inghilterra (impressioni di viaggio),* trad. It. Bruno Maffi, Milano, Rizzoli, 1956, pp. 184-188

e lunghi tragitti per tornare nelle abitazioni, poste fuori del centro, dove invece si trovano localizzate le fabbriche. Heine si accorge, da un lato, che l'Illuminismo al quale anche lui aveva creduto è fallito in certe sue prospettive, ma è anche consapevole che un'alternativa alla Londra che si sta industrializzando non è certo un ritorno ad assetti precedenti. Parlando di progresso, nelle posizioni romantiche c'è la tendenza a calcolare ed a sottolineare i costi umani che questa prima industrializzazione sta portando. Altri, come ad esempio l'illuminista ritardatario conte Giuseppe Pecchio, economista ufficiale della rivista *Il conciliatore* nel Lombardo-Veneto, si lanciano verso il domani (anche se molte delle pagine di Pecchio sono contraddittorie). Pecchio nota che il nuovo lavoro è scandito non più dai ritmi naturali ma dall'orologio meccanico. Questo nuovo lavoro crea i presupposti per una scansione della vita della città che avanza a punti fermi. Le ore della notte sono totalmente silenziose perché la città è deserta, dato che i lavoratori stanchi da ritmi bestiali vanno a dormire; all'apparire del giorno, con l'orologio che scandisce il tempo, tutti devono recarsi al lavoro nel medesimo istante. La città dunque, dopo un lungo silenzio notturno, all'improvviso insieme all'accensione dei telai mette in moto tutte le classi. Questo è l'Illuminismo che ancora dura nell'Ottocento e che durante questo secolo metterà capo a quella corrente che si chiamerà Positivismo (esaltazione della scienza delle metropoli, delle masse dei mercati). Durante l'Ottocento si sviluppa quella che noi possiamo chiamare reazione romantica a questo nuovo mondo, a questa modernità. Essere contro le macchine non vuol dire per forza essere a favore della produzione artigiana. Essere contro l'ammassamento non vuol dire essere a favore di un abitare rado. Essere contro il mercato che si sta sviluppando nella metropoli non vuol dire essere a favore di uno scambio in natura e di una sparizione del denaro. Come e perché si verifica questa reazione romantica e come questa sensibilità cresce dentro alcune fasce di intellettuali? Perché un intellettuale è illuminista ed un altro è romantico? Dipende dalla cultura che c'è in ognuno di noi. In nome di che cosa reagiscono questi intellettuali e perché vedono certi panorami che altri non vedono? Vi sono quattro punti essenziali con cui si reagisce a questa modernità, a questo nuovo che avanza. Si reagisce in nome della religione, in nome della letteratura, in nome della vecchia valoristica aristocratico-feudale e, lungo l'Ottocento, in nome della nuova classe emergente, cioè quella operaia. Il letterato reagisce a questo scenario perché il mondo cui è abituato da secoli a scrivere sta cadendo in desuetudine, perché viene a mancare l'interlocutore della sua scrittura, avendo esso una cultura differente. Il letterato non trova più riscontro di pubblico. Tutti i letterati si porranno in posizione critica non solo contro la modernità che li pone sotto scacco, ma anche contro quella scrittura, tipicamente moderna, collegata a questo scenario di macchine, e vale a dire contro la scrittura giornalistica che si diffonde di pari passo con l'emarginazione della letteratura. Goethe scrive nel 1797 una lettera in cui parla del rapporto tra poesia e grande città vedendo con sospetto la città moderna crescere. Un'altra figura che ha la medesima sensazione di sentirsi ai margini di questa nuova realtà è quella del conte Giacomo Leopardi, il quale in un certo momento della sua vita cerca di affrancarsi da una famiglia, la cui educazione aristocratica è particolarmente dura, evadendo da Recanati e recandosi a Roma. Roma in questo periodo è tutt'altra cosa che Londra o Parigi. Sostanzialmente è una città piccola, di circa 250.000 abitanti (1823), ma con una caratteristica particolare: essendo la sede del papato, è un microcosmo pieno di sollecitazioni, dato che qui convergono stranieri da tutte le parti del mondo. A Leopardi Roma fa l'effetto di una metropoli. Egli scrive rispondendo ad una lettera del fratello:

"Io ti risponderò in buona coscienza e ti giurerò, che, da quando misi piede in questa città, mai una goccia di piacere non è caduta sull'animo mio eccetto in quei momenti ch'io ho lette le tue lettere, i quali ti dico senz'alcuna esagerazione che sono stati i più bei momenti della mia dimora in Roma, e quelle stesse poche righe che ponesti sotto la lettera di mia madre furono per me come un lampo di luce che rompessero le dense e mute e deserte tenebre che mi circondavano. Tu dirai ch'io non so vivere; che per te, e per altri tuoi simili in caso non andrebbe così. Ma senti i ragionamenti e i fatti. L'uomo non può assolutamente vivere in una grande sfera, perché la sua forza o facoltà di rapporto è limitata. In una piccola città ci possiamo annoiare, ma alla fine i rapporti dell'uomo all'uomo e alle cose esistono, perché la sfera dei medesimi rapporti è ristretta e proporzionata alla natura umana. In una grande città l'uomo vive senza nessunissimo rapporto a quello che lo circonda, perché la sfera è così grande, che l'individuo non lo può riempire, non la può sentire intorno a sé, e quindi non v'ha nessun punto di contatto fra essa e lui. Da questo potete congetturare quanto maggiore e più temibile sia la noia che si prova in una grande città di quella che si prova nelle città piccole, giacché l'indifferenza, quell'orribile passione, anzi spassione dell'uomo, ha veramente e necessariamente la sua principal sede nelle città grandi, cioè nelle società molto estese ". [34]

E' un passo in cui Leopardi cerca di spiegare la sua sensazione di noia in una città come Roma non in termini di psicologia personale, ma in termini di sociologia generale, perché tenta, a una sua esperienza personale molto circoscritta, di darci una regola di carattere generale: una città molto estesa non è fatta a misura umana. Affermando queste cose sulla metropoli (Roma), Leopardi prende la massima distanza dal pensiero illuministico settecentesco almeno per quello che riguarda la modernità. Leopardi non reagisce in quanto poeta; "l'indifferenza", parola che diventa chiave, in lui si origina in quanto aristocratico. Questa dialettica, che adesso viene acuita dalla crescita della città

34 GIACOMO LEOPARDI, Lettera al fratello Carlo del 6 dicembre 1822, in *Epistolario*, Milano, Mondadori 1959, p. 350

capitalistica, Leopardi l'impara da Rousseau, nella cui filosofia il rapporto "piccola e grande città" diventa centrale. Nel 1758 questi nell'opera La lettera sugli spettacoli affronta il problema dell'eventuale apertura di un teatro a Ginevra. Ginevra nel 1758 è una piccola città, Rousseau è un ginevrino trapiantato a Parigi. La soluzione di Rousseau è la seguente: mentre in una grande città i teatri sono necessari, la città piccola non ne ha bisogno, poiché non c'è bisogno di cercare divertimento. Rousseau fa l'apoteosi della piccola città nei confronti della grande, esaltando la città a misura d'uomo. Dunque, quest'idea di progresso tecnologico che hanno gli enciclopedisti agli occhi di Rousseau se non è confortata da un adeguato ritorno alla natura e alla naturalezza, potrebbe comportare una forma di assoluta alterazione dell'ambiente, fatto di maschere e non più di uomini Quindi l'azione di Rousseau, pur restando di fatto illuminista, è tuttavia contraria alla versione più progressista dell'Illuminismo, quella più borghese, quella intesa da Diderot e d'Alembert.

La città nella modernità

Esaminiamo un altro aspetto di ciò che riguarda il rapporto scrittori e modernità fra Settecento e Ottocento. Affrontiamo il tema del gusto urbano ed estetico in generale di cui la letteratura si fa carico. L'Illuminismo è quella corrente di pensiero che, dopo secoli di oscurantismo, ambisce ad illuminare le menti, facendole diventare "terrene" rispetto alle nebbie dell'aldilà e della metafisica. Gli illuministi per prima cosa rifiutano in toto la città medievale. Alle città poste in alto, rispondono sviluppandole in pianura. Il labirintico estendersi della pianta della città viene bocciato, e le strade diventano dritte, larghe e con ampie prospettive. Le città devono rispondere a delle regole geometriche ben precise, prime fra tutte l'ortogonalità delle strade rispetto ai palazzi che costeggiano. Si ha inoltre una predilezione per città di nuova costruzione. Città come Berlino o Pietroburgo ad esempio trovano il consenso della visione illuministica. Non minore è l'apprezzamento per Torino sia pur di dimensioni più modeste. Si prospetta il che fare di città non nuove. Si parlerà del Settecento come di un secolo distruttore. Perché l'ortogonalità delle strade e delle piazze, rispetto all'altezza dei palazzi? Le strade molto strette obbedivano ad una logica di carattere militare nella città del Medioevo. La ragione di questa ortogonalità nel Settecento ha lo scopo di consentire di ammirare le cose che vi sono intorno, perché quello che conta è l'ostentazione della grandezza del proprietario del palazzo che costruisce in una determinata strada. Quanti più palazzi belli e signorili abbiamo in vista, tanto più la città ne raccoglie un'immagine di benessere e prosperità. Il Settecento segna il trionfo della vista: l'aspetto di poca gente per le strade non è gradito all'Illuminismo. Raccogliamo i pareri pro e contro su questo nuovo che avanza, attraverso l'esperienza del viaggio di alcuni illustri personaggi chiave. Il conte Francesco Algarotti compie un viaggio nel 1731, raccontato in *Viaggi di Russia*. Così si esprime sull'Olanda:

"Delle città d'Olanda, ella ben sa, Mylord, che si può dire: vedine una, vistele tutte". [35]

Algarotti esprime un giudizio negativo, sottolineando il senso di monotonia per questa tipologia urbanistica, anticipando quello che sarà il gusto romantico. Uno degli intellettuali che impersonano la svolta in Europa tra la visione illuministica e quella romantica è il visconte Chateaubriand. Siamo nel 1803 quando su Torino dice:

35 FRANCESCO ALGAROTTI, *Viaggi in Russia*, Torino, Einaudi, 1961, p.6, in Francesco Iengo, *Scrittori e gusto urbano fra Settecento e Ottocento*, Pescara,Clua, p. 3

"Io ero rimasto mediocremente impressionato dalla prima vista di Torino [...] Torino è una città nuova, ben tenuta, regolare, ricca di palazzi ma un po' monotona." [36]

Sempre su Torino così si esprime nel 1862 Ferdinand Gregorovius:

"Torino è completamente moderna, magnifica, piena di palazzi principeschi. Il suo carattere è che non riveste alcun carattere speciale [...] Dacché ho veduto questa bella, ma fredda e non storica Torino, ho riconosciuto anch'io che da questo punto l'Italia non può essere governata". [37]

Quindi ad un giudizio sostanzialmente positivo, seguono alcune sottolineature che evidenziano riserve. Torino risulta essere un po' monotona, fredda e non storica. Esaminiamo ora la reazione romantica. C'è una rigida separazione nella visione illuministica tra colui che osserva e la cosa osservata: l'osservatore si pone al di fuori delle cose osservate. La sensibilità romantica diventa al riguardo più moderna. Lo sguardo romantico inserisce all'interno dell'oggetto visto anche l'osservatore che diventa parte integrante dell'osservato. Cominciano ad apparire dei "simulacri" lucreziani di cui la città stessa è composta. La città diventa luogo di memoria e assume una sua unicità, una distinguibilità, in forza a quegli elementi che hanno contribuito a farne la storia. Quando si parla di storia del gusto, non si può isolare dal resto delle storie spirituali che ci coinvolgono. Ogni episodio di gusto, è insieme un episodio filosofico e anche politico. Nulla avviene dentro un sistema perché una sua sola casella si muova autonomamente. Nulla in tutta la nostra esperienza è autonomo, ma è sempre

36 FRANCOIS RENE' DE CHATEAUBRIAND, *Viaggio in Italia (1803-04)*, trad. It. GIOVANNI RABIZZANI, Lanciano, Carabba, 1910, p. 19

37 FERDINAND GREGOROVIUS, *Diari romani*, trad. It. ALBERTO MARIA ARPINO, Roma, Avanzini e Torraca, 1967 ,vol. I, pp. 251-252

collegato a tutti gli altri tasselli che contribuiscono a comporla. L'esempio del colonnato del Bernini in piazza san Pietro a Roma è significativo al riguardo. Vi sono tre o quattro elementi che giocano alla differenziazione e alla presa di posizione nuova rispetto a quella precedente. Uno è l'aristocraticità della nascita dell'intellettuale; un altro potrebbe essere la letterarietà, ossia l'umanesimo di professione che si sente respinto da una società di massa di questo genere; segue la professione religiosa, e nella seconda metà dell'Ottocento la presa di posizione marxiana. In quest'operazione di *pars destruens* resta da chiedersi: cos'è il moderno? Risponde a questo interrogativo un personaggio chiave di quest'epoca: Giacomo Leopardi. Per Leopardi è il Rinascimento, è il Seicento, il Settecento e il suo secolo. E' la visione di una nascita, di uno sviluppo e di una successiva morte, concetto di lucreziana memoria. La terra invecchia. La natura, estenuata dai parti, produce esseri sempre più piccoli e più deboli. Questo senso di decadenza colpisce tutti e tutto. Il Romanticismo riprende l'idea greca dell'invecchiamento per dimostrare che in ogni caso l'epoca moderna potrà essere certamente più civile rispetto al passato, potrà raggiungere il progresso in tutti i campi, ma non potrà essere paragonata dal punto di vista della salute fisica e morale all'antico. La piccolezza dei moderni, secondo il filone mistico, era dovuta dal fatto che i moderni avevano smesso di pensare all'anima, concentrando tutta l'attenzione sul corpo. Per Leopardi è tutto il contrario: è il corpo dei moderni che è piccolo, così come le costruzioni, che sono incomparabili rispetto a quelle dell'antichità. Leopardi sottolinea una decadenza fisica dell'umanità. Anche Theofhile Gautier nel 1831, pubblicando *Mademoiselle de Mopein*, offre uno spaccato della sua filosofia al riguardo della modernità. L'indicazione che ne vien fuori è di una depressione e non di un progresso, anzi semmai di un regresso sotto forma della qualità. Gautier sarà profondamente anti-borghese, perché nel concetto della modernità non è incluso il concetto di durata. Anche Nietzsche come Leopardi condivide l'ideologia degli antichi che costruivano in grande e dei moderni che oramai sono rimpiccioliti ed indeboliti. Rispetto a Leopardi va avanti chiedendosi: è vero che le nostre illusioni sono state dissipate; dunque sono state dissipate anche le speranze di sopravvivere sotto qualunque forma. Se questo è vero, allora anche ciò che noi costruiamo non può essere paragonato alle costruzioni degli antichi, perché stiamo costruendo esclusivamente per noi. Quindi Leopardi e Nietzsche sono i capisaldi di una reminiscenza epicurea spiegata vichianamente. I rapporti fra scrittori e città danno origine ad una linea di gusto. Questo gusto viene elaborato dai singoli, ma poi per determinati canali diventa specifico di una determinata epoca, di una determinata società, cosicché possiamo parlare di un gusto del Settecento e di uno dell'Ottocento opposti tra loro, ma complementari. La prima rivoluzione industriale imporrà forte il problema della nuova posizione dell'intellettuale e in particolare dello scrittore nell'ambiente che si sta sviluppando. Quest'ambiente fa mancare quel pubblico specializzato referente dell'intellettuale antico, per cui ci si chiede a cosa serva la sua presenza. In questa dialettica fra scrittore e metropoli, emerge sopra tutti in Europa una figura in particolare: si tratta di Charles Baudelaire, autore in particolare di due opere fondamentali: I fiori del male e i Piccoli poemi in prosa. Le situazioni rappresentate hanno aspetti di duplicità sono simboliche e sono specchio della realtà personale dello stesso letterato, che viene sempre più spiazzato da questo ambiente. Iniziamo ad esaminare il XIV poemetto intitolato *Le vieux saltimbanque* in cui il parallelismo vecchio saltimbanco e letterato è esplicito:

"Il popolo in vacanza si riversava ovunque, traboccava, si scialava. Era uno di quei giorni di gran festa sui quali, per lunghi mesi, fanno conto i saltimbanchi, i giocolieri, gli esibitori di animali, i venditori ambulanti, per riparare ai giorni di magra dell'anno.

In quei giorni mi sembra che il popolo si scordi di tutto, del dolore e del lavoro: e diventi come i bambini. Per i piccoli è un giorno di licenza, l'orrore della scuola rimandato di ventiquattr'ore. Per gli adulti è un armistizio stretto con le potenze maligne della vita, un rifiato in mezzo alla battaglia e alla guerra universali.

Anche l'uomo vissuto, e chi è preso nelle fatiche dello spirito, difficilmente sfuggono all'influsso di questo giubileo popolare. Senza volerlo, si bagnano anch'essi in quella atmosfera di sventatezza. Io non mi perdo mai, da vero parigino, una rivista di tutti i baracconi in mostra in quei giorni solenni.

In verità si facevano una concorrenza formidabile: sbraitavano, muggivano, berciavano. Era un guazzabuglio di urla, di scoppi di ottoni, di botti, di razzi. Guitti e pagliacci storcevano le facce bronzate e incartapecorite da venti piogge e soli; lanciavano - con l'eleganza dei guitti sicuri di attirare - i loro ghiribizzi, le frottole, quella comicità grassa e pesante come si trova in Molière. Gli Ercoli, fieri per l'enormità dei loro corpi, senza una fronte e un cranio, come orangutan, si gonfiavano maestosi dentro le loro canottiere lavate per l'occasione il giorno prima. Le danzatrici, belle come fate o principesse, ruotavano e capriolavano sotto la fiamma di lanterne che riempivano le gonne di scintille.

Tutto era luccichio, polvere, grida, gioia, tumulto; si dava, si prendeva, tutti egualmente allegri (N.d.R. chiave ironica). I bambini si appendevano alle gonne delle mamme per un bastoncino di zucchero, si arrampicavano sulle spalle dei padri per guardare meglio un giocoliere bello come un dio. E in ogni angolo di strada, vincendo tutti gli odori, un odore di frittura che era come l'incenso della festa.

In fondo, al limite estremo della filza di baracconi - come se vergognoso si fosse esiliato da solo via da tutte le luci - vidi un povero saltimbanco, incurvato, decrepito, infiacchito, una rovina d'uomo appoggiata a uno dei pali della sua tenda; una tenda più miserabile di quella del più abbruttito selvaggio, e di cui due mozziconi di candela che colavano e fumicavano, rischiaravano fin troppo sfacelo.

Per ogni dove gioia, sfrenatezza, guadagno; ovunque la sicurezza del pane per l'indomani; ovunque una frenetica esplosione di vitalità. Qui la miseria assoluta, imbacuccata - per colo di orrore - in sbrendoli da pagliaccio: dove non l'arte ma la necessità aveva creato il paradosso. E non rideva, il miserabile! non piangeva, non ballava, non smorfiava, non dava voce; non canticchiava nessuna canzone, né gaia né lacrimosa; non implorava. Stava muto, e immobile. Aveva rinunciato, abdicato. Il suo destino era compiuto.

Ma lo sguardo!, profondo, indimenticabile, scorreva sulla marea di folla e di luci, che si arrestava a qualche passo dalla sua ripugnante miseria... Mi sentii la gola stretta dalla mano terribile dell'isteria, e mi sembrò di avere gli occhi accecati da quel pianto ribelle che non vuole uscire.

Che fare? A che serviva chiedere a quell'uomo diseredato quali prodigi, quali meraviglie poteva mostrarmi in quelle tenebre intanfite, dietro quel sipario a brandelli? In verità - io non osai. Ma se pure la causa del mio timore vi farà ridere, vi dirò che temevo di umiliarlo. Alla fine mi risolsi a lasciare, passando, un po' di denaro su una tavola, sperando che divinasse la mia intenzione - quando un riflusso di folla, spinta da un non so quale torbido, mi trascinò via da lui.

E andando via, posseduto da quella visione, cercai di analizzare il mio improvviso dolore, e mi dissi: "Ritorno dall'aver contemplato l'immagine del vecchio uomo di lettere, sopravvissuto alla generazione di cui fu il fascinatore più brillante; del poeta invecchiato senza amici, senza famiglia, senza figli, degradato dalla sua miseria e dall'ingratitudine pubblica: e nella cui baracca il mondo perso nell'oblio non vuole più entrare".[38]

38 CHARLES BAUDELAIRE, Le vieux saltimbanque, trad. It. Il vecchio saltimbanco, tratto da *Piccoli poemi in prosa*, Milano, Oscar Mondadori, p. 49

Di questa emarginazione del poeta Baudelaire scriverà vari poemetti come il XIX intitolato *Le joujou du pauvre*:

"Voglio darvi un'idea per un gioco innocente. Ci sono così pochi piaceri che non siamo colpevoli!

Quando uscirete di mattina con l'intenzione sicura di andarvene a passeggio per le grandi vie, riempitevi le tasche di piccoli balocchi da un soldo - come il pulcinella piatto che si spenzola a un filo solo, i fabbri ferrai che picchiano un'incudine, il cavaliere col cavallo dalla coda a fischietto, - e lungo le taverne, ai piedi degli alberi, fatene omaggio ai bambini sconosciuti e poveri che incontrerete. Vedrete i loro occhi spalancarsi smisurati. Prima non oseranno prenderli, dubiteranno della loro fortuna. Poi le loro mani arrafferanno bruscamente il regalo, e se la fileranno come i gatti che vanno e mangiarsi lontano da voi il boccone che gli avete offerto - perché hanno imparato a diffidare dell'uomo.

Su una strada, dietro la rete di un grande giardino, in fondo al quale appariva il candore di un grazioso palazzo investito dal sole, stava un ragazzino bello e pulito, vestito a quella moda campagnola così carica di civetteria.

Il lusso, la spensieratezza e lo spettacolo abituale della ricchezza, rendono quei ragazzi tanto graziosi, che li crederesti fatti di una pasta diversa dai figli della mediocrità o della miseria.

Vicino a lui giaceva un giocattolo splendido, lustro il padrone, laccato, indorato, vestito di abito purpureo, coperto di piume e di perline di vetro. Ma il bambino non si curava per niente del costoso balocco, - ecco cosa guardava:

Dall'altro lato della rete, in strada, tra i cardi e le ortiche c'era un altro ragazzo, sudicio, magrolino, fuligginoso: uno di quei marmocchi - paria in cui un occhio del conoscitore sa divinare sotto una vernice da birrocciaio una pittura ideale - lo scortasse della patina ripugnante della miseria.

Attraverso quelle sbarre simboliche che separavano due mondi, la strada grande e il palazzo, il ragazzo povero mostrava a quello ricco il suo giocattolo, che l'altro lo esaminava avido, come un oggetto raro e misterioso. Ora, quel giocattolo che il piccolo sudicione stuzzicava, agitava e scuoteva in una scatola con una reticella, era un topo vivo! I genitori, certo per risparmiare, avevano ricavato un giocattolo dalla vita stessa.

I due ragazzini se la ridevano fraternamente tra loro con denti di una uguale bianchezza".[39]

Il bambino povero è il vecchio poeta che può maneggiare la parola ancora viva, al contrario della parola artefatta registrata logora del giornalismo, del discorso politico, del linguaggio notarile. Il bambino è attratto dall'entità più viva, da quella che è espressivamente più libera. Questo è l'esatto risarcimento, in maniera allegorica e simbolica, che Baudelaire dà al vecchio saltimbanco. Egli in qualche modo ci fornisce una chiave, un possibile perché, del fare arte e di lavorare la parola in un certo modo, quale è quello del letterato. La parola usata del vecchio poeta sta al topo vivo come il giocattolo del ragazzino ricco sta alla parola morta, quella del quotidiano, quella del commercio, quella del lessico sempre più impersonale dei giornali. La parola sempre più logora ad un certo punto, diventa stanchezza nell'uditore, il quale nella mente di Baudelaire potrebbe ritrovare una strada (quella del topo vivo), come giocattolo imprevedibile. L'imprevedibilità e la morte sono elementi particolarmente carichi di vitalità perché valorizzano la vita: queste non sono altro che espressioni romantiche. Così come il poeta, anche la donna in tale contesto moderno conosce uno stato di profonda emarginazione. In una società che le attribuisce nella vita l'unico scopo di procreare, nel momento in cui questo è raggiunto colei che non è

---

39 CHARLES BAUDELAIRE, Le joujou du pauvre, trad. It. Il giocattolo del povero, tratto da *Piccoli poemi in prosa*, Milano, Oscar Mondadori, pp. 69-71

più in grado di assolvere al compito viene emarginata, così come nella società capitalistico-industriale viene espulso dalla produzione l'operaio per l'inefficienza dovuta alla vecchiaia o ad un infortunio. Nella metropoli industriale Baudelaire è pronto a rilevarlo. Leggiamo a tal proposito il poemetto II, intitolato *Le desespoir de la vieille*:

"La vecchietta raggrinzita si sentì rivivere guardando il bimbo delizioso a cui ognuno faceva festa, a cui tutti volevano piacere; quell'esserino vezzoso, come lei fragile, e come lei senza denti e senza capelli. Gli si accostò, voleva fargli i sorrisini, e le mossette scherzose. Ma il bimbo spaventato si contorceva sotto le carezze di quella buona donna decrepita, e riempiva la casa dei suoi guaiti. Allora la buona vecchia si segregò nella sua solitudine eterna, in un angolo, lacrimando e dicendo tra sé: "Ah! Il tempo di piacere, per noi femmine invecchiate e infelici, è passato: fosse pure a dei bambini innocenti; e ai bambolini che vorremmo amare non ispiriamo che orrore!". [40]

Sotto questo ritratto c'è sempre la silhouette di Baudelaire che scrive e che vuole fare festa e gratificare qualcuno con le sue cose. Questo tema della vecchia ritornerà in una delle più grandi poesie dell'Ottocento, dove sarà inserita, come parlante la figura del *flaneur* [41], tipica della metropoli di quel momento, non concepibile al di fuori di essa. Questa mancanza d'identità, di cui la metropoli ha oramai segnato l'uomo sensibile, è recuperata assumendo non più una, ma tante identità (a tal proposito vedremo in seguito che questo tema continuerà con maggior forza nel Novecento; ci basta qui ricordare il Pirandello di *Uno, nessuno, centomila*). Leopardi a Recanati, se in quanto poeta, può apparire agli occhi dei suoi concittadini stravagante, tuttavia, in quanto conte, è pur sempre riverito e rispettato; ma un Leopardi trapiantato a Parigi, invece,

40 CHARLES BAUDELAIRE, *Le dèsespoir de la vieille*, trad. It. La disperazione della vecchia, tratto da *Piccoli poemi in prosa*, Milano, Oscar Mondadori, pp. 8-11
41 Parola intraducibile in italiano, ma che può essere vista come una specie di figura che sta tra il sognatore ad occhi desti e lo scrutatore.

sarebbe destituito totalmente: non sarebbe nessuno, perché nessuno deve essere identificato in una società in cui sia ha un valore, soltanto essendo massa, in quanto oggetto di scambio. Si avverte un sostanziale anonimato. L'atteggiamento che pertanto potrebbe scaturire è di rifiuto di questo tipo di società e città. Il barone von Kleist ad esempio pensa di ritirarsi in campagna non tollerando questo anonimato. Baudelaire è figlio di questo pensiero; esaminiamo *Les Petites Vielles*:

Tra le pieghe sinuose d'antiche capitali,
dove tutto ha un suo incanto, anche l'orrore,
obbedendo a fatali umori, spio,
esseri strani, cadenti e affascinanti.
Che mostri sgangherati! Eponima! Lais!
Un tempo erano donne questi mostri rotti,
gobbi e contorti! Amiamoli! Sono ancora anime!
Arrancano sotto gonne lacere o tessuti
freddi, flagellati dagli iniqui venti,
e fremono al frastuono degli omnibus in corsa,
stringendo al fianco, come una reliquia,
una borsetta ricamata a figure o fiori;

trotterellano come marionette;
si trascinano come bestie ferite,
o ballano, senza volerlo, povere campanelle
a cui s'attacca un Demone spietato! A pezzi,

pure hanno occhi penetranti come un trapano,
lucenti come le crepe in cui a notte dorme l'acqua,
occhi divini come quelli della fanciulla
che si stupisce e ride per tutto ciò che brilla.

- Avete notato che molte bare di vecchie
sono piccole quasi come quella d'un fanciullo?
Ma è il simbolo d'un gusto bizzarro e seducente

che la saggia Morte mette in bare così simili!

Infatti quando vedo un debole fantasma
attraversare il quadro brulicante di Parigi,
mi sembra sempre che quel fragile essere
se ne vada piano piano verso una nuova culla.

A volte invece medito sulla geometria
e mi chiedo, alla vista di quelle discordi membra,
quante volte bisognerà che l'operaio cambi
la forma della scatola dove questi corpi sono messi.

- Che pozzi di lacrime a milioni quegli occhi!
Che crogiolo tutto luccichii di metallo raffreddato...!
Che fascino invincibile quegli occhi misteriosi
per chi allattò la Sventura austera! [42]

Chi non ama il viaggio è uno che non sa godere della folla. Bisogna avere l'odio per il domicilio e il piacere del viaggio. Saper viaggiare significa sapersi staccare da ciò che fa la folla nella metropoli, da ciò che è la meccanizzazione non solo fenomenica, dalla mercificazione della sensibilità, per cui non riusciamo più a vedere ciò che guardiamo. Baudelaire rileva proprio questa sensibilità diversa. C'è lo sguardo particolare di chi nota ciò che non nota più nessuno tra i cosiddetti "meccanizzati". Leggiamo un sonetto intitolato *A une passante*:

La strada assordante strepitava intorno a me.
Una donna alta, sottile, a lutto, in un dolore
immenso, passò sollevando e agitando
con mano fastosa il pizzo e l'orlo della gonna,
agile e nobile con la sua gamba di statua.
Ed io, proteso, come folle, bevevo

---

42 CHARLES BAUDELAIRE, *Les Petites Vielles*, (Le vecchiette), da Quadri parigini, tratto da *I fiori del male*, Roma, Newton Compton, XCI, p. 210

la dolcezza affascinante e il piacere che uccide
nel suo occhio, livido cielo dove cova l'uragano.

Un lampo...poi la notte! Bellezza fuggitiva
dallo sguardo che m'ha fatto subito rinascere,
ti rivedrò solo nell'eternità?

Altrove, assai lontano di qui! Troppo tardi! Forse mai!
Perché ignoro dove fuggi, né tu sai dove vado,
tu che avrei amata, tu che lo sapevi! [43]

Si tratta della storia di due che si dicono tutto in un istante, che
solo una sensibilità accentuata può notare. Questo sonetto apre
una topica che darà vita a variazioni future in poesia e anche in
prosa (come in *Una vita* di Italo Svevo). Da Baudelaire si può
scendere a Tristan Corbière che nel 1870 scrive *Les Amours jaunes*
raccolta di poesie tra le quali troviamo *Bonne fortune et fortune* una
variazione della medesima tematica, dove non essendo più
nessuno si aggira per la città a caccia di sensazioni varie. Vede una
donna e cerca di agganciarla (lui è vestito lacero nei panni di un
mendicante) questa facendo ondeggiare l'ombrellino gli offre dei
soldi come elemosina, e tutto finisce in questo gesto.

"Io faccio la mia scorreria per la città, quando è bel tempo, per la
passante che, con una piccola aria di vincitrice, vorrà bene con la punta
del suo ombrello, togliermi la pelle dal cuore (darmi una particolare
emozione, per portare a spasso la sua fame, bisogna che il passante si
dia da fare). Un bel giorno, che mestiere che sto facendo, io facevo
come di norma la mia crociata in mezzo alla città e finalmente l'ho
incontrata. Lei chi? La passante! Ella facendo girare il suo ombrello, io
l'abbordo, ma ella mi riguardò dall'alto mi tese la mano, mi ha dato
l'elemosina ". [44]

43 CHARLES BAUDELAIRE, A una passante (Quadri parigini), tratto da *I
fiori del male*, Roma, Newton Compton, XCIII, p. 219

C'è qui un dislivello assoluto tra i due. La passante prende l'uomo sensibile per quello da cui si era travestito, e non capisce lontanamente cosa veramente voleva. Si arriva alla posizione contraria rispetto a quella descritta da Baudelaire, dove i due capiscono il gioco. Esaminiamo ora il romanzo di Svevo che nel suo tratto fondamentale fornirà ispirazione a un pezzo, cinematografico, dei nostri giorni, *Ricomincio da tre* di Massimo Troisi. Svevo può immettere la città (Trieste) pur piccola, in un contesto di una grande, perché mostra di conoscere la metropoli pur vivendo in un piccolo centro. Scrive Svevo:

"Una sera correndo si trovò dietro ad una donna che passando l'aveva guardato. Vestita di nero, teneva molto alta la sottana, e lasciava vedere un piedino calzato in eleganti scarpette lucide. Una calza nera, l'attaccatura del piede gentilissima, per il corpo agile ma non misero. Alfonso vide ancora il collo dalla pelle bianchissima, nulla della faccia. Risolutamente la seguì, la sorpassò, poi l'attese come un cagnolino. La signora a lui pareva ridesse guardandolo alla sfuggita e incoraggiato egli si propose di avvicinarla; era la prima volta ch'egli si trovasse in tale imbarazzo. Ebbe delle esitazioni che lo costrinsero poi ad accelerare il passo. Ella attraversò il corso, ed imboccò via Cavana. Dovrà passare dinanzi alla biblioteca, alla peggio andrò alla biblioteca, pensò Alfonso, per dare alla sua passeggiata, una meta sicura. La precedette e si fermò alla porta della biblioteca. Ella passò, mentre la luce di un fanale faceva risaltare la bianchezza del collo e brillare la lacca della scarpetta ma non lo sguardò, ciò che ad Alfonso levò per qualche tempo la voglia di sedurla. Lentamente ella salì l'erta della via santi martiri lungo il tribunale, mentre appoggiato ad un paracarro egli si contentava di seguirla con l'occhio. Poi quando ella aveva quasi terminata l'erta, egli si avanzò sino al tribunale. Vide la figurina prospettarsi sul cielo, le curve precise come se le avesse viste più da vicino, ancora un istante di esitazione e l'avrebbe perduta di vista. Non v'era tempo a riflettere e il

44 TRISTAN CORBIERE, *Tutte le poesie: Gli amori gialli; Poesie giovanili; Poesie varie; Prose complete*, introduzione di Alfredo Giuliani; cura e traduzione di Claudio Rendina. Roma, Newton Compton, 1973 (Paperbacks poeti; 22)

suo desiderio parlò chiaro ed imperioso spingendolo ad una corsa sfrenata in modo che la raggiunse prima ch'ella si trovasse sul piano. Era agitato ma tanto stanco che era là là per lasciare la risoluzione presa da poco. In mente la stessa idea che lo aveva fatto correre dal tribunale in su, le si avvicinò: signora le disse, e levò il cappello. Ma la respirazione divenuta più affannosa da che s'era fermato, gli impedì di continuare. Un occhio azzurro lo guardò con freddezza glaciale, e trovandosi così poco preparato per parlare avendo pensato solo a correre, semplicemente si fece da parte per lasciarla passare, e pigliò fiato lieto come avesse temuto di venirne impedito. I desideri che lo coglievano con tanta rapidità, altrettanto rapidamente lo abbandonavano, per dimenticarli gli bastava di venir scosso da un timore o da una fatica ". [45]

In questo passo, il protagonista Alfonso Nitti, rappresenta la sintesi fra il "sognatore" di una certa letteratura russa-pietroburghese e il "flâneur" parigino. Una situazione analoga lo troviamo nel protagonista de *Le notti bianche* di Fedor Michajlovic Dostoevskij dove si legge:

"Tornai indietro, feci un passo verso di lei e immancabilmente avrei pronunciato: "Signora!!, se non avessi saputo che questa esclamazione era stata pronunziata ormai mille volte in tutti i romanzi mondani russi". [46]

Un altro personaggio accomunabile a questo sopra citato è il protagonista di una poesia di Vincenzo Cardarelli, il quale ambienta questo suo lavoro in un tram della Roma del secondo dopoguerra. Così si legge in *Incontro in circolare*:

45 ITALO SVEVO, *Una vita*, Milano, Oscar Mondadori, pp. 71-72
46 FEDOR MICHAJLOVICH DOSTOEVSKJI, *Le notti bianche*, in FRANCESCO IENGO, *Gli scrittori e la città che cambia*, Chieti, Vecchio Faggio, 1992, pp.83-84

"Alta, bruna fiancuta,
sotto un soprabito disadorno,
la bella ragazza confusa
nella misera folla
d'una vettura circolare interna,
pareva sorda a ogni affanno.
Ferma sul corridoio, un po' appartata,
le sue gambe di statua
sostenevano gli urti
come solido ponte un fiume in piena.
Non gloria in lei spirava,
non frenesia di vita o giovinezza,
ma una decisa e forte indifferenza
luceva nei suoi occhi assorti e aguzzi.
Era di quelle
romane bellezze
che son rare anche a Roma,
dove mai non s'incontrano
senza un mutuo stupore.
Era un grande segreto
della vita di Roma
che m'appariva in luogo men propizio,
nella forma più degna.
Dove veniva, ove andava
la bella romana chiomata
di lucidi e ricci capelli?
Quale mestiere o cura attribuirle?
Spostandosi verso l'uscio
Trovò qualcuno con cui discorrere
famigliarmente.
e mi volgeva le spalle
alte com'ali tese.
Al Colosseo discese leggermente
Scomparendo ai miei occhi, oimè, per sempre. [47]

---

47 VINCENZO CARDARELLI, *Opere complete*, a cura di G. Raimondi, Milano, 1962;

Abbiamo visto come la nascita della modernità significhi l'uscita di scena di un certo modo di fare letteratura e di come la perdita di una determinata sensibilità alteri il rapporto fra le parole e le cose. Gli ultimi elastici che tengono uniti una civiltà si spezzano definitivamente con la nascita del nuovo mezzo di comunicazione (il giornale). Si fatica sempre più a trovare un linguaggio che sia in grado di recuperare questi classici. La perdita di un certo tipo di linguaggio (quello poetico tradizionale) conduce all'abisso come già sottolineava Baudelaire. Si scopre drammaticamente tutta la precarietà dell'esistenza umana, l'ambiguità del futuro, l'ombra del fallimento e dell'irreparabile discesa fino alle buie profondità. Si perviene ad un azzeramento del linguaggio comunicativo. Il mondo umanista scoprirà l'immagine del poeta palombaro come messaggero degli abissi nella figura di Giuseppe Ungaretti. Dai fondali del "porto sepolto" si cerca la spinta per riemergere con forza e tornare a rimirar le stelle poiché l'oscuro segreto della profondità è penetrato come lama dentro l'anima dei sogni e della sensibilità. Chi siamo? Tutto si muove in un paesaggio dai connotati sfumati dove ci si aggira a tentoni. Si scopre sempre più il mal di vivere fra parole che si tacciono.

"What shall we use to fill the empty spaces where we used to talk?" [48] (trad.it Che cosa useremo per riempire i vuoti spazi dove eravamo abituati a parlare?)

Siamo nel 1979 e questi sono alcuni versi di *Empty Spaces,* un brano musicale tratto dall'album *The wall,* di uno dei maggiori gruppi musicali del panorama rock mondiale i Pink Floyd. Sono trascorsi oltre cento anni da quando Baudelaire denunciava la progressiva scomparsa di una certa letteratura e di certi spazi, nel frattempo si sono succeduti nuovi mezzi ma il filo della comunicazione interrotto allora, non è stato ancora ricongiunto. Stare dentro o fuori dal muro significa stare dentro o fuori da un

---

48 PINK FLOYD, *Empty spaces,* tratto dalla raccolta musicale *The wall*

certo sistema. Questo è l'interrogativo di fondo a cui bisogna rispondere. Quando la comunicazione diventa impersonale, anonima, priva di qualsiasi contenuto rappresentativo ci si chiede cosa farsene di mezzi e di strumenti sempre più numerosi e sofisticati. Al decollo delle tecniche e delle tecnologie fa riscontro il declino della narrazione. Sulla "cima Coppi" del profitto posta dal capitalismo e dagli scenari metropolitani, ci si accorge immediatamente di perdere terreno rispetto a corridori più agili nella dura pedalata verso la vetta: alleggerire il proprio carico per provare a competere significa dover rinunciare al proprio bagaglio storico, significa non potersi più abbeverare alla borraccia d'acqua limpida e fresca delle fonti vive dell'arte e della vita.

Vecchia e nuova scrittura nella metropoli

L'arte se diventa, come dirà Adorno, una sorta di riposo per uomini d'affari stanchi, allora si degrada. L'arte non è più centrale. Abbiamo visto che ad uno stato di emarginazione il Romanticismo reagisce. Goethe nel 1797 è il primo a sostenere che in una grande città commerciale coloro che leggono romanzi e giornali ne esigono soltanto divertimento. Questa è una caduta vorticosa dell'arte nella modernità. Accanto a questo tema abbiamo anche visto nascerne un altro: la grande città contrapposta alla piccola. La grande città, che sta diventando metropoli, comincia ad essere fattore di esclusione di tutto ciò che tradizionalmente chiamiamo arte: soprattutto la poesia che ha bisogno di solitudine e di silenzio. Ai nostri giorni si assiste ad una volontà assoluta, in tutti i campi, della novità, ma quello che viene a mancare è la consapevolezza di ciò che ci ha preceduto. C'è una perdita dello spessore storico, per cui paradossalmente quanto più ci si rinnova, tanto più, come diceva Nietzsche, si arriva al recupero dell'identico dal passato. Il rinnovamento nella televisione e nei nuovi media informatici di oggi avviene come avveniva per la letteratura di un tempo: la ricerca disperata del nuovo, ignorando il passato; di fatto però non si può trasgredire qualcosa se non lo si conosce. Il dramma che i romantici intravedono è proprio l'abolizione della storia progressiva, per cui se c'è un desiderio di rinnovare, esso avviene sul nulla. Questo è il segnale d'allarme che viene lanciato in questo periodo. L'arte, degradata a divertimento, e la mancanza di tempo nella grande città commerciale fanno sì che non si riesca più a ritagliare degli spazi attraverso il silenzio e a recuperare la conoscenza di quelle epoche, senza la quale non c'è possibilità di rinnovamento e di crescita. Dietro il pensiero di questi romantici abbiamo già visto agitarsi il fantasma di Rousseau nella *Lettera sugli spettacoli*. Tutti risentono di tale influsso: ne risente Goethe, ne risente Leopardi. Quest'ultimo in un'*Operetta Morale* intitolata *Il Parini ovvero della gloria* nel 1824 scrive:

"Chiunque poi vive in città grande, per molto che egli sia da natura caldo e svegliato di cuore e d'immaginativa, io non so (eccetto se non trapassa in solitudine il più del tempo) come possa mai ricevere dalle bellezze o della natura o delle lettere, alcun sentimento tenero o generoso, alcuna immagine sublime o leggiadra. Perciocchè poche cose sono tanto contrarie a quello stato dell'animo che ci fa capaci di tali diletti, quanto la conversazione di questi uomini, (N.d.R. quelli della grande città) lo strepito di questi luoghi, lo spettacolo della magnificenza vana, della leggerezza delle menti, della falsità perpetua, delle cure misere, e dell'ozio più misero, che vi regnano. Niente è più nemico quindi alla solitudine di quanto non sia il pubblico di una vasta città. E se gli antichi reputavano gli esercizi delle lettere e delle scienze come riposi e sollazzi in comparazione ai negozi, oggi la più parte di quelli che nelle città grandi fanno professioni di studiosi, reputano, ed effettualmente usano, gli studi e lo scrivere, come sollazzi e riposi degli altri sollazzi". [49]

---

49 GIACOMO LEOPARDI, *Operette Morali*, a cura di GIORGIO FICARA, Milano, Oscar Classici Mondadori, cap. V, pp. 133-134

La letteratura degradata porta ad una sorta di perenne divertimento. Il giornale s'inserisce alla perfezione in questo contesto. Scrive Friedrich von Haedemberg (Novalis) nel 1801:

"I giornali sono propriamente libri collettivi. Lo scrivere in società è un sintomo interessante, che fa prevedere una grande evoluzione della letteratura. Un giorno si scriverà forse e si penserà e si agirà in massa. Interi comuni e persino nazioni intraprenderanno un unica opera". [50]

Appare un altro aspetto del mito romantico, ovverosia il momento in cui si recuperano, attraverso la riabilitazione della storia, quei momenti in cui l'arte, in forza della sua anonimità, rappresentava un momento non separato dagli altri dentro il gruppo sociale. Mediante il recupero di elementi del Medioevo, come ad esempio del gotico, i romantici vedono un esempio di arte collettiva e per la massa, in cui il singolo scompare a vantaggio della totalità. Alessandro Manzoni nel 1820 si reca a Parigi e in una *Lettera a Tommaso Grossi* scrive:

"Qui non si può lavorare. Non si può mettere insieme un verso. Vivendo ritiratamente al mio solito sono pieno di distrazioni; entrano per la finestra. Ma tutte queste cose direi non sono poi aliene affatto dalla poesia. E' vero, sono dettagli, sono cose del mondo, sono ripetizioni, hanno un lato poetico, ma sono prose, e poi stordiscono. Quale cosa ha più relazione col commercio di una fiera? E' il commercio stesso! Ma prova un po' a scrivere un trattato di commercio passeggiando per una fiera e me lo saprai dire". [51]

Goethe a Francoforte dice la stessa cosa. Stesso atteggiamento è quello di Rousseau nella *Nuova Eloisa* quando dice: "io vengo dalla Svizzera e sono un montanaro e come tale sono trattato dalla società dei salotti parigini. Questo fatto m'impone di vivere

50 FRIEDRICH von HAEDEMBERG (NOVALIS), *Frammenti*, trad. It. Milano, 1976, p.221
51 ALESSANDRO MANZONI, *Lettere*, Milano, 1970, vol. I, p. 204

piuttosto ritirato". Ma in una città come Parigi è cosa impossibile, in quanto le distrazioni entrano dalla finestra, e non se ne può fare a meno. Se trasportiamo i termini di questa dialettica dalla prima industrializzazione, ovvero dal periodo legato alla macchina a vapore, a questo ultimo trentennio, ritroviamo la stessa antitesi, non già fra letteratura e giornale, ma fra stampa in generale rispetto alla comunicazione visiva. Abbiamo visto che il moderno altera i connotati di tutti gli aspetti che duravano da sempre del vivere sociale. Altera le masse, la metropoli, il mercato, le macchine. Ma nel momento in cui passiamo da una macchina meccanica ad una macchina informatica, si sviluppa un ulteriore trauma dei quattro fattori, e di conseguenza andiamo verso una società che non sappiamo più di che tipo sia, perché questi quattro elementi li vediamo tutti alterati. Definiamo pertanto questo nuovo stato di cose postmoderno. Goethe in una lettera privata a Schiller parla della solitudine; è una lettera fondamentale in quanto lega la letteratura tradizionale, la poesia, il libro, alla necessità della solitudine. Questo tema corre lungo tutto l'Ottocento e anche il Novecento: abbiamo già parlato del grosso contributo apportato a proposito da Charles Baudelaire. Torniamo per un attimo a guardare dentro il suo mondo intellettuale, nella raccolta intitolata Poemi in prosa, dove troviamo un brano che parla del rapporto fra giornalismo e metropoli. Il poema s'intitola La solitudine; siamo a Parigi nel 1850.

"Un giornalista filantropo dice che la solitudine è funesta per l'uomo e in appoggio alla sua tesi cita come tutti gli increduli parole dei padri della chiesa. So che il demonio frequenta volentieri i luoghi aridi e che lo spirito di assassini e lubricità s'infiamma meravigliosamente nelle solitudini. Ma questa solitudine potrebbe benissimo essere pericolosa solo per un'anima oziosa e divagante che l'adopera con le sue passioni e chimere. Certamente un chiacchierone che raggiunge il massimo piacere nel parlare dall'alto di una cattedra o di una tribuna rischierebbe di diventare un autentico pazzo furioso nell'isola di Robinson. Io non pretendo dal mio giornalista le coraggiose virtù di Crosuè ma gli chiedo di non condannare gli amanti della solitudine e del mistero. Nelle nostre razze ciarliere esistono individui che accetterebbero con minor ripugnanza l'estremo supplizio se fosse loro concesso di fare dall'alto del patibolo una copiosa arringa senza dover temere che i tamburi di Santerre troncassero loro la parola (N.d.R. si allude a Luigi XVI). Non vi compiango perché intuisco che dalle loro effusioni oratorie essi ricavano una volontà pari a quella che altri traggono dal silenzio e dal raccoglimento. Ma li disprezzo. Soprattutto desidero che il mio maledetto giornalista mi lasci divertire a modo mio. Non provi mai, mi fa con un tono nasale quanto mai apostolico il bisogno di condividere le tue parole, o le tue gioie? Senti senti che sottile invidiosa sa che disprezzo le sue e vorrebbe insinuarsi nelle mie schifoso guastafeste. La grande sventura di non poter essere soli dice da qualche parte Labruyere quasi per svergognare quanti corrono a dimenticarsi in mezzo alla folla certamente nel timore di non potersi sopportare. Quasi tutte le nostre disgrazie dipendono dal fatto che non siamo capaci di restare nella nostra camera dice un altro saggio Pascal se non sbaglio. Richiamando così nella cella del raccoglimento tutti quei forsennati che cercano la felicità nel movimento e in una prostituzione che chiamerei fraternitaria attenendomi al bel modo di esprimersi del mio secolo". [52]

Il giornalista è inserito sempre di più in un universo di traffico, di rumori, di parole ridondanti. Tutti parlano, tutti corrono, tutti hanno da fare. Il giornalista è l'intellettuale organico a questo mondo di metropoli, di masse, di macchine e di mercato. Baudelaire immagina che il giornalista si rivolga a lui e dica: tu rappresentante della poesia e del libro tradizionale, possibile che non senti il bisogno di comunicare? Possibile che non senti il bisogno di immettere le tue parole in mezzo agli altri in maniera tale che anche gli altri possano eventualmente beneficiare di quello che stai elaborando? Il giornalista lo taccia di non essere filantropo, di non essere un amante degli uomini. Replica

---

52 CHARLES BAUDELAIRE, Piccoli poemi in prosa

Baudelaire: io sostanzialmente sono più filantropo di te nel momento in cui sto confezionando, nella solitudine, un prodotto che, una volta fruito in analoga solitudine da ciascuno di quelli che compongono la folla, potrà portare a lui più vantaggio di quanto tu giornalista non faccia propinandogli ulteriori parole nel mare di parole nel quale questi sono costantemente annegati. Il giornalista pare che gli faccia una sorta di paragone con l'eremita, con i padri del deserto di un tempo, dicendo: tu sei uno sostanzialmente fuori tempo, perché basandoti su un certo tipo di solitudine incorri negli stessi guasti psichici nei quali incorrevano anche i padri del deserto. Baudelaire replica: attenzione, perché la solitudine della quale noi moderni stiamo parlando come ambizione non è quella dei padri del deserto. La mia solitudine non è il rifiutare la città. Il poeta moderno non è quello che si separa dalla città e va a vivere per esempio in un paese di montagna deserto, ma è colui che vuole e riesce a rimanere solo nella propria stanza, pur essendo circondato da questo mare di parole che costituisce la metropoli moderna. Si ha la sensazione, dice Baudelaire, che il silenzio sia oppressivo e che ci sia bisogno del rumore. Si comincia ad avere la paura del vuoto, della piazza vuota, la paura del muro bianco, la paura di un happening in cui tutti stiano in silenzio e si guardino in faccia. Di fatti, non c'è piazza oggi che non sia aggredita da un qualcosa di estraneo proprio per questa paura del vuoto. Baudelaire attribuisce questo parlare continuo ad una specie di psicosi collettiva. Inizia la politica di massa. Baudelaire intuisce già quella che sarà una sorta di magia, che si stabilisce tra il politico e il popolo, nel momento della crescita delle masse. Ciò accadrà nelle grandi dittature del Novecento. La serialità meccanica è un'altra delle cose cui il romantico reagisce. La litografia rappresenta una grossa novità, in quanto un disegno non è più rappresentato uno ad uno, ma è destinato da uno a tanti. La moltiplicazione dei disegni fatti una volta sola costituisce una caduta della qualità delle opere, come avverrà ancora in pieno Novecento in quell'opera di Walter Benjamin, vicino alla scuola di Francoforte, che è intitolata *L'opera d'arte nell'epoca della sua riproducibilità tecnica*. L'opera che esce direttamente dalle mani dell'artista è un'opera aurata, mentre quella stessa una volta riprodotta conserva la sua immagine ma è priva di aurea. In un passo dell'*Educazione sentimentale* Flaubert ironizza sull'assoluto "cinismo" della prima pagina del giornale così come veniva posta dal giornale stesso: scherza sulla scarsa profondità della scrittura giornalistica e anche dell'impaginazione del giornale. Un problema analogo si verifica oggi per quanto concerne i palinsesti televisivi. Ad un certo punto del romanzo c'è Frèdèric Moreau, un arrivista, l'archetipo di Andrea Sperelli ne *Il piacere* di D'Annunzio, che va a leggere dei giornali in una biblioteca e dice:

"Un giorno gli capitò fra le mani molti numeri del *flambeau* (fiammeggiante). Nella prima pagina, l'articolo di fondo era invariabilmente consacrato a demolire un uomo illustre. Seguivano notizie mondane. Poi si prendeva in giro l'Odeon, Carpentras, la piscicoltura e i condannati a morte quando ve ne erano. La scomparsa di un piroscafo offrì materia di barzellette per un anno. Nella terza colonna un corriere delle arti fornì sotto forma di aneddoti e suggerimenti notizie di sarti, resoconti di serate, annunci di vendite e analisi di opere, trattando con lo stesso stile un volume di versi e un paio di stivali". [53]

Dopo una serie d'attacchi ai giornali, Kierkegaard imbastisce uno strano aneddoto che si potrebbe chiamare "l'aneddoto del megafono". Siamo nel 1839:

"I libri sono letti da pochi; i giornali da tutti. Come se su di una nave ci fosse un solo megafono e se ne fosse impossessato con il consenso di tutti il garzone di cucina. Ora tutto ciò che il garzone doveva

53 GUSTAVE FLAUBERT, L'educazione sentimentale, trad. It., Torino, 1984, p.324 (parte II cap. IV)

comunicare, metti il burro negli spinaci, oggi fa bel tempo, forse laggiù c'è un guasto, veniva comunicato a tutta la nave con il megafono, mentre il capitano era costretto a dare ordini con la sola voce. Perché quanto il capitano aveva da dire, non era poi così importante. Anzi, il capitano alla fine, dovette invocare, per riuscire a farsi sentire, l'aiuto del garzone di cucina, e quando questi si degnava di riferire i suoi ordini , essi passando per il garzone di cucina e il suo megafono venivano sistematicamente travisati. Invano il capitano alzava la sua povera voce perché l'altro con il suo megafono soverchiava tutto. Da ultimo il garzone di cucina si impossessò del comando della nave".[54]

La dialettica è fra libro e giornale, ma vale perfettamente anche tra giornali di oggi e televisione-Internet: il problema centrale riguarda la proprietà dei mezzi d'informazione. Si tratta di un apologo di tipo politico ma nello stesso tempo economico. Kierkegaard sta capendo una cosa della modernità: il garzone di cucina si appropria del megafono che, in questo caso, è il mezzo di comunicazione tecnologico più avanzato. Quindi il giornale sta al mezzo di comunicazione meno avanzato (il libro), come televisione-Internet sta al mezzo meno avanzato (il giornale). La proprietà del mezzo di comunicazione più avanzato diventa fondamentale. Il garzone si appropria del megafono e c'è un consenso di carattere generale all'appropriazione. Se il capitano avesse avuto la forza di chiarire alla massa la propria importanza, e tutto l'equipaggio avesse aderito agli ordini del capitano, riconoscendolo come tale, l'imbarcazione avrebbe potuto navigare. Nel momento in cui, invece, la volontà generale (quella di Rousseau) fa appello alla massa, il garzone di cucina può appropriarsi del megafono in quanto gode di un consenso universale. La mancanza del mezzo di comunicazione tecnologicamente avanzato, ad un certo punto, indebolisce il capitano della nave (il potere politico), il quale o deve venire a patti con colui che ha il megafono oppure è destinato a non avere

54 SOREN KIERKEGAARD, *Diario*, trad. It. Morcellina, 1988, p. 181

voce. I giornali, diceva Novalis, somigliano alla chiacchiera del villaggio. Kierkegaard sembra essere daccordo quando dice che il contenuto riguarda il mettere il burro negli spinaci, o il fare o no bel tempo. McLuhan sostiene che "il medium è il messaggio", cioè: non è vero che il contenitore non altera il contenuto. Il messaggio che passa davanti ai mezzi televisivi e che c'è dato non è costituito dal contenuto, ma dal montaggio fatto dall'operatore. Questa serie di messaggi, dice McLuhan, non hanno contenuti diversi, ma complessivamente, quando passano all'interno della nostra sensibilità e restano incamerati nel nostro cervello, rimangono semplicemente messaggi visivi. Se siamo desti, riusciamo a selezionare la particolare notizia che a noi interessa, ma così tutto il resto risulta come se non fosse mai stato dato. Solo quindi al passare della tale notizia, noi prestiamo attenzione. Il medium è il messaggio: quando lo vediamo lo riconosciamo. Tuttavia quelle notizie alle quali noi dovremmo attingere, sono in ogni caso filtrate. A rigore la notizia non c'è; perché diventi tale, è necessario che sia formalizzata: questa è la selezione. Se nessuno dà rilievo ad una catastrofe che in questo momento sta avvenendo in un qualunque punto del globo, se nessuno estrapola questo evento dal flusso generale della vita del mondo, questa catastrofe non esiste. La storiografia funziona allo stesso modo. C'è un rifiuto della modernità, che non è sempre immotivato, né reazionario. Nessuno di questi autori pensa in termini di distruzione della modernità e di ritorno ad epoche passate. E' quasi fatale che vi sia una sorta di nostalgia. Ogni epoca, e soprattutto l'Ottocento, di fronte alla grande speranza dell'Illuminismo, vede accanto a conquiste enormi, sgretolarsi un mondo, per cui è naturale che possa esserci un atteggiamento di rimpianto dei bei tempi andati. Bisogna stare attenti a non cadere, da parte dell'umanista, nella critica, nella *"laudatio temporis acti"*, allo stesso modo di coloro che lodano indiscriminatamente le ultime scoperte tecnologiche. Quelle affermazioni illuministiche di Negroponte sulla comunicazione, che oramai raggiungerebbe tutti e che tutti sarebbero in grado di selezionare, diventano una piccola obiezione di chi possiede i mezzi di produzione, anche delle idee: un'illusione estrema, oltre le illusioni illuministiche. Tutta la letteratura della seconda metà dell'Ottocento, pur usufruendo del giornale, lo considera comunque una comunicazione bassa e volgare, non all'altezza della tradizione stilistica del libro (il capitano della nave di Kierkegaard). Siamo trasformati tutti in garzoni di cucina: avere tutti il megafono ci costa passare da capitano di nave a garzone di cucina. Thèofhile Gautier scrive dei romanzi, che pubblica a puntate sui giornali (romanzi d'appendice). Scrivere romanzi a puntate sul giornale non ha tanto lo scopo di far leggere il giornale, quanto di farlo leggere continuativamente. Il giornale, ampliando un certo tipo di lettori, paradossalmente non crea una qualità di lettori più ampia, ma genera un abbassamento della qualità della lettura. Si crea il problema del come fare a raggiungere una cerchia più ampia di lettori. Non c'è che una strada: lo scandalismo, di cui saranno maestri personaggi come Oscar Wilde e Gabriele D'Annunzio. Uno di quelli che prende una posizione "drastica" contro la comunicazione giornalistica verso la fine dell'Ottocento, è Nietzsche. Giudizi sui giornali sono presenti in tutte le sue opere: da Sull'avvenire delle nostre scuole fino a *Così parlò Zarathustra*, una specie di poema in prosa che contiene la summa del pensiero nicciano. Sull'avvenire delle nostre scuole, del 1880 si legge:

"Il giornale si è inserito fra le scienze come un vischioso tessuto connettivo e ha finito per insegnare noi a trattarle alla giornata". [55]

Trattarle alla giornata, ovverosia in termini dilettanteschi senza approfondirle. Si tratta di una vecchia critica che risale all'Illuminismo. La sintesi a monte, che pratica il giornale, non

55 FRIEDRICH NIETZSCHE, *L'avvenire delle nostre scuole*, trad. it. a cura di GIORGIO COLLI, Milano, Adelphi, 1978, pp. 33-36

potrà mai equivalere alla sintesi a valle, quella alla quale Nietzsche pensa.

"Il giornalismo in generale fa toccare con mano .... come estensione della cultura ma non significa riduzione della cultura". [56]

Oggi possiamo essere molto colti, ma spesso non sappiamo vedere i problemi che ci sono sotto gli occhi. Si può pensare ad una cultura soltanto visiva, non supportata da analogo studio di una cultura scritta? Continua Nietzsche: "Avendo il giornalista sostituito il grande genio, la guida per tutte le epoche, colui che libera dal presente, questo fatto rende inutile il lavoro di un insegnante che per esempio voglia riportare nelle scuole il mondo greco, considerandolo come la vera patria della cultura. Basterà infatti che questo corano prenderà in mano un giornale o un romanzo alla moda e l'incanto di questa grecità che l'insegnante vuole trasmettere svanisce". [57]

C'è la credenza nel genio che è tipicamente romantica. Chi è il genio? A quale genio Nietzsche si riferisce? Egli pensa a scrittori che sono archetipi, capisaldi d'intere culture. Omero è l'archetipo della cultura occidentale, perché prima di lui non c'era niente. Attraverso due poemi epici, che sono la favola di un popolo, riassunti spirituali della vita di quella società, Omero diventa archetipo. Tutte le storie riportano o all'Iliade o all'Odissea, perché secondo Nietzsche, sono delle rifrazioni a volte inconsapevoli di questa letteratura archetipa. Omero sta alla Grecia, come i grandi romanzieri ottocenteschi stanno alla società borghese. Leggendo i giornali, in sostanza, eliminiamo Omero, Virgilio, Dante, Shakespeare, perché abbiamo eliminato i contenuti di questi autori epopeici. La problematicità della comunicazione moderna, soprattutto di quella giornalistica, viene

56 FRIEDRICH NIETZSCHE, *L'avvenire delle nostre scuole,* trad. it. a cura di GIORGIO COLLI, Milano, Adelphi, 1978, pp. 33-36

già intravista da alcuni scrittori, per lo più di area austriaca. Questi critici del nuovo mezzo informativo, paradossalmente, sono tutti dei giornalisti i quali, pur scrivendo sul giornale, cominciano a rendersi conto della meccanica del mezzo, legata essenzialmente alla proprietà economica: tale dipendenza limita di fatto il contributo al progresso. Karl Kraus è uno dei massimi esponenti di questo pensiero. Al contrario, ha un atteggiamento meno tragico su questo nuovo mondo Hugo von Hofmannsthal, il quale in un articolo intitolato *Il poeta e il nostro tempo*, tratto da una conferenza nel 1906 scrive:

"La lettura; la smisurata abitudine; la diffusissima malattia se volete della lettura, questo fenomeno del nostro tempo lasciato troppo alle statistiche e alle informazioni commerciali mentre i suoi aspetti più sottili vengono trascurati, non esprime altro che un desiderio insaziabile di godere la poesia. Parlo di quelli che a seconda del diverso livello della loro cultura, leggono libri diversissimi, senza un piano preciso, cambiando continuamente, fermandosi di rado a lungo su un libro, spinti dal desiderio incessante, mai pienamente appagati. Ma il desiderio di costoro, si dice, non è affatto rivolto al poeta, e non ho scienza che può appagare quel desiderio o per il novanta percento dei casi il giornalista. Essi leggono più volentieri giornali che libri, e sebbene sappiano precisamente quello che cercano, è tuttavia certo che non è in nessun modo poesia. Ma che si tratta di banali informazioni solo per il momento rassicurati, della combinazione di fatti autentici, di verità "comprensibili" a apparentemente nuove, della miseria grezza dell'esistenza. Dico questo così come lo si dice (....) superficialmente, (N.d.R. riferisce la critica che si fa in genere a questo tipo di lettori superficiali) ma io credo, anzi ne sono certo, che questo è soltanto apparenza Essi cercano in realtà nei libri quello che una volta cercavano dinanzi alle are fumanti, nelle chiese buie sollevate in alto dal desiderio.

57 FRIEDRICH NIETZSCHE, *L'avvenire delle nostre scuole*, trad. it. a cura di GIORGIO COLLI, Milano, Adelphi, 1978, pp. 33-36

Cercano quello che con forza maggiore di ogni altra li leghi al mondo ed insieme li sgravi di colpo dalla pressione del mondo". [58]

Si tratta di una voce discordante: Hofmannsthal, sia pure con un atteggiamento misticheggiante, sostiene che non è vero che il lettore moderno sia diventato più superficiale; anche quando, saltando da un libro o da un giornale all'altro, cerca delle notizie di un certo tipo, in realtà rivela quel profondo bisogno di preghiera, oggi smarrito, che una volta soddisfaceva andando nelle grandi chiese medievali, e che forniva un linimento alle pene quotidiane. Oggi, perso questo contatto, la sete di conoscenza la può appagare soltanto la poesia, che dovrebbe prendere il posto che una volta aveva la religione. Quest'uomo nonostante la sua modernità, nonostante la sua distrazione, nonostante il suo quotidiano impegno distraente dall'arte, mantiene tuttavia un nucleo di ricerca di qualcos'altro, che solo ancora e sempre l'arte e la poesia potranno soddisfare. Leggiamo la posizione di Karl Kraus attraverso due suoi lavori: *Morale e criminalità* (1902-07) e *Detti e contraddetti* (1909). In *Morale e criminalità* c'è un saggio molto lungo che s'intitola: Il processo alla strega di Leoben sulla relativa sentenza emessa dal tribunale di Vienna il 10 maggio 1904 e sul ruolo assunto dalla stampa nella vicenda. Una donna viene condannata all'esilio essendo stata ritenuta rea di aver sedotto un ufficiale dell'esercito sposato. Oltre la condanna, il danno maggiore la donna lo subisce perché tutta la stampa austriaca si interessa del caso in prima pagina. Quest'episodio apre gli occhi a Kraus; egli sostiene che la vera gogna dei tempi moderni non è più fisica, ma si tratta di una condanna più crudele della stessa esecuzione capitale: quella del giornale. Quando si diventa preda del giornalismo in senso lato, la vita è distrutta. Kraus è indignato; del caso di Leoben, non è interessato dalla cronaca del processo,

58 HUGO von HOFMANNSTHAL, *Il poeta e il nostro tempo oggi* in *L'ignoto che appare: scritti 1891-1914*, trad. it. a cura di GABRIELLA BEMPORAD, Milano, Adelphi, 1991, pp. 252-253

bensì del come i giornali hanno strumentalizzato l'avvenimento. Scrive Kraus:

"Com'è possibile che dobbiamo invidiare quelle epoche illuminate in cui alla maga venivano inflitti solo tormenti fisici ma veniva risparmiata la gogna e la pubblicità? Oggi la tecnica del processo per stregoneria grazie all'invenzione della magia nera del giornalismo ha raggiunto una perfezione inaudita. Infatti, i giudici della strega non hanno da temere la pubblicità che potrebbe rendere nota a tutti la loro scelleratezza, ma anzi se ne servono, perché essa accresce i tormenti dell'accusata". [59]

Ecco che la morale diventa criminalità nel momento in cui i processi diventano pane per un giornalismo che in base ad un certo sistema ormai irrecuperabile, dice Kraus, dà una rovina superiore in efferatezza di quella che dava la vecchia tortura o esecuzione capitale. Scrive ancora Kraus:

"Se agli strumenti di tortura era solo concesso spremere confessioni, la macchina tipografica serve a diffondere quelle penose domande che sono la violazione di una più gelosa sfera privata di una donna e che sarebbero prive di senso ed effetto se venissero poste dal giudice a tu per tu con l'accusato". [60]

L'impostazione nuova che dà Kraus è che si passa da un generico allarme nei confronti di questi nuovi mezzi di comunicazione ad un'analisi di quello che il medium provoca a livello di sensibilità generale. E' un'analisi più vicina alla struttura del medium: una strada che tutto il Novecento seguirà fino alla teoria delle comunicazioni di massa, che nasce all'esplosione del fenomeno televisivo. Kraus fornisce un'altra serie d'annotazioni su queste problematiche; in *Detti e contraddetti* si legge:

59 KARL KRAUS, *Morale e criminalità.* trad. it., Milano, 1976, pp. 78-79

60 KARL KRAUS, *Morale e criminalità.* trad. it., Milano, 1976, pp. 78-79

"La stampa (quotidiana) ha prodotto devastazioni, e se non proprio in quanto invenzione in sé, almeno in quanto in fruizione da parte di cervelli non all'altezza di una ipertrofia al progresso". [61]

In Svevo si legge:

"Se c'è stata una nobiltà in chi ha inventato gli ordigni, non c'è una salute in chi si limita ad usare questi ordigni".

E' la stessa idea di Kraus secondo la quale il nostro cervello non è andato di pari passo con il progresso di tipo tecnologico. La tecnologia produce devastazioni quanto più non abbiamo la capacità di dominarla. Un'altra annotazione di Kraus contiene:

"In un'epoca senza Dio la stampa è la provvidenza, ed essa ha persino elevato a convinzione la fede nella onniscienza e nella onnipresenza". [62]

Almeno una volta gli uomini ipostatizzavano in Dio l'onniscienza e l'onnipresenza, figuravano un qualcosa che le monopolizzava. Né essi se ne ritenevano dotati, anzi, quanto più immaginavano un essere, un'entità, un Dio onnipresente e onnisciente, tanto meno essi si sentivano iperpotenti o arrogantemente presenti dappertutto. Sparita questa credenza antropomorfica, ne deriva che l'uomo, anche colui che non è all'altezza dell'ipertrofia del progresso, sotterraneamente si sente onnisciente e onnipresente, cosa che si acuirà nel momento in cui dalla stampa quotidiana passiamo alla televisione. Ognuno di noi teoricamente crede oggi di essere informato su tutto e di tutto, perché su tutto e di tutto noi riusciamo a vedere in televisione. Conoscendo ed analizzando il mezzo, cade però immediatamente questa presunzione

61 KARL KRAUS, *Detti e contraddetti*, a cura di ROBERTO CALASSO, Milano, Adelphi, p. 106

62 KARL KRAUS, *Detti e contraddetti*, a cura di ROBERTO CALASSO, Milano, Adelphi, p. 111

d'onniscienza e onnipresenza, perché scopriamo che si tratta di un'illusione di presenza, laddove la nostra presenza non c'è ma è reiterata dal mezzo. Noi non siamo fisicamente nel mezzo di un avvenimeno che la televisione ci mostra, ma siamo spettatori di ciò che la televisione mostra dell'avvenimento. C'è poi il rischio che l'avvenimento possa essere totalmente inventato. Quindi più sappiamo più corriamo il rischio di non sapere. Leggiamo ancora:

"Si profila l'angosciosa questione se il giornalismo a cui si danno tacitamente in pasto le opere migliori, non abbia corrotto anche per i tempi futuri la sensibilità per l'arte del linguaggio". [63]

La necessità di scrivere rapidamente, la necessità di usare un linguaggio di parole senza spessore e non troppo espressive, ma fortemente comunicative, pena l'accantonamento del giornale, può compromettere la sensibilità al linguaggio, alle parole aureate, non solo per l'epoca nella quale stiamo vivendo, ma in prospettiva futura. Andando avanti, infatti, quelle opere non giornalistiche, quelle opere fatte di parole con l'aurea, con l'eco, che presuppongono un pubblico colto quanto lo scrittore, verrebbero in prospettiva a mancare, per mancanza di trasmissione. Non venendo più lette certe cose di un certo tipo, queste cose si obliano. E' possibile che un linguaggio piatto sempre più diffuso ci faccia dimenticare la ricchezza di un linguaggio che aveva certamente dei limiti, ma allo stesso tempo offriva la possibilità di farci comprendere molte cose. Queste nel giornalismo sono escluse, perché esso strutturalmente ha un linguaggio, secondo Kraus, che non è fatto di illuminazioni, ma di una luce tenue, sempre uguale, in modo da illuminare gente che non è abituata al sole. Scrive ancora Kraus:

63 KARL KRAUS, *Detti e contraddetti*, a cura di ROBERTO CALASSO, Milano, Adelphi, p 144

"L'abbondanza di informazioni stampate ha espulso le farfalle dalla pagina come l'erba cosparsa di brandelli di giornale coincide con la scomparsa delle farfalle anche dai prati". [64]

Questo passo sarà ripreso da Pier Paolo Pasolini, molto distante da Kraus, ma molto affine intellettualmente, il quale dice:

"A un certo punto, nei primi anni Sessanta a causa dell'inquinamento dell'aria e soprattutto in campagna dell'inquinamento dell'acqua, gli azzurri fiumi e le rocce trasparenti sono indirizzate a sparire le lucciole". [65] (...)

Il giornale è un fattore di progresso, ma giornali in eccedenza e basati su un sistema di tipo economico, inquinano ed espellono le lucciole. Kraus nota che una certa pubblicità di tipo giornalistico deve colpire una determinata sensibilità collettiva, e lo fa col trasgredire. Nota ad esempio che un certo meccanismo pubblicitario è più irreligioso di quello che prontamente distrugge con le ruspe una chiesa. Mentre infatti questa forma rozza, grezza e criminale può generare restaurazione della religione, anzi può provocare reazione sia dall'ateo che dal religioso, invece la irreligiosità della società mercantile moderna è ancora più subdola, perché mette in discussione, con le trasgressioni di cui parla, tutto il passato, più di quelli che lo vogliono con mezzi meccanici. Scrive Kraus con una sintesi folgorante:

"Un ascensore (in America) si chiama Paternoster. Bethlehem è un posto in America dove si trova la più grande fabbrica di munizioni".[66]

Ecco il meccanismo perverso della pubblicità. Bethlehem che l'intera cultura associava ad un fatto positivo, per i suoi richiami

64 KARL KRAUS, *Detti e contraddetti*, a cura di ROBERTO CALASSO, Milano, Adelphi, p 144

65 PIER PAOLO PASOLINI, *Scritti corsari*, Milano, Mondadori, 1988

sacrali, sia per chi è credente, sia per chi non lo è, diventa per quest'associazione pubblicitaria tutt'altro. Con un'idea del genere, non si distrugge solo la religione, ma quello che la religione segnala come cultura, ed ecco l'idea della barbarie. Pasolini stigmatizzò, quando uscì sui muri delle città, un enorme manifesto che reclamizzava dei jeans marcati Jesus. In entrambi non c'è un atteggiamento nostalgico o religioso, ma c'è una forte condanna di quella che è una distruzione mirante a fini economici, che può comportare la distruzione di una cultura intera. Personaggi come Kraus, quindi, hanno una qualche attinenza, per quanto concerne la critica alla comunicazione giornalistica, con alcune personalità della seconda metà del Novecento, come Pasolini. Si ricollega a Kraus anche un personaggio della Mitteleuropa: si tratta del premio Nobel Elias Canetti. In Massa e potere dà un'annotazione sul giornale che si riallaccia al processo della strega di Leoben:

"Il disgusto per l'uccisione collettiva è di recentissima data. Non bisogna però sopravalutare questo tipo di disgusto in noi. Anche oggi ognuno partecipa alle esecuzioni pubbliche attraverso il giornale. Solo che oggi anche ciò come tutto è più agevole. Non è necessario scomodarsi e fra cento particolari ci si può soffermare su quelli che eccitano in maggior misura. Si applaude soltanto quando tutto è fatto, e neppure la più piccola traccia di complicità guasta il godimento". [67]

La lettura solitaria del giornale fa sì che tutto diventi personale, cioè che non venga condiviso con altri. Mentre la ritualità pretendeva una sorta di corresponsabilità comune, nel giornale questo non avviene. Si perpetua un rituale fatto in solitudine. Questo è doppiamente incivile: appare un distacco del mito dal rito. Continua Canetti:

66 KARL KRAUS, Detti e contraddetti, a cura di ROBERTO CALASSO, Milano, Adelphi, p. 317

67 ELIAS CANETTI, *Massa e potere*, trad. it. Furio Jesi, Milano, Adelphi, 1981

"Non si è responsabili di nulla. Né della condanna, non si è dei testimoni oculari, non si è corresponsabili della deposizione dei testimoni oculari, e non siamo responsabili neanche del giornale. E però se ne sa più che nei tempi passati quando bisognava camminare e stare in piedi per ore e alla fine si vede abbastanza poco. Né pubblico di lettori dei giornali è sopravvissuto ad una massa aizzata più moderata ma più irresponsabile per la lontananza degli avvenimenti. Si sarebbe tentati di dire la forma più spregevole e al tempo stesso più stabile di massa aizzata. Tale forma di massa può anche evitare la propria disgregazione. Il giornale nella sua ripetizione quotidiana si prende cura delle sue distrazioni". [68]

Esaminiamo invece una presa di posizione in controtendenza. Si tratta dell'italiano Massimo Bontempelli, romanziere, giornalista, uomo di teatro, il quale fonda una rivista: *900*. Scrive nel 1925:

"Non oso pensare che cosa potesse essere un giornale a quel tempo (N.d.R. si riferisce al 1910). Anche lui, il giornale, oggi il quotidiano a due o tre edizioni, fratello carnale del bar, anche lui era un oggetto di ozio e di riposo. Il cittadino ne comperava uno e se lo portava a casa; lo leggeva dopo pranzo in poltrona. Lo leggeva tutto dall'articolo di fondo alle notizie recentissime, ma che razza di recentissime potevano essere allora! E ci credeva poi andava a dormire. Oggi l'uomo ne compera tre o quattro ogni due o tre ore, ne afferra i titoli e qualche notizia intanto che il meccanico mette in moto il taxi. E intorno a lui c'è più luce. Solamente dopo la guerra la vita contemporanea si è accesa in tutta la sua pienezza sorprendente. Le invenzioni scientifiche, precedendo di qualche decennio il nostro tempo, ne preparavano gli strumenti materiali e la illuminata atmosfera. Ma lo spirito della guerra, e tutte le necessità superiori e inferiori del dopo guerra, hanno potuto lanciare in pieno tutta la nuova generazione nella vita d'oggi, che è passione e azione di ogni minuto". [69]

68 ELIAS CANETTI, *Massa e potere*, trad. it. Furio Jesi, Milano, Adelphi, 1981
69 MASSIMO BONTEMPELLI, *L'avventura novecentesca*, Firenze, Vallocchi, 1974, pp. 54-56

Questo passo di Bontempelli ci dice molte cose, se non lo vediamo soltanto come testo autoreferenziale, ma come testo referenziale di un contesto. Bontempelli sta vivendo una sorta d'illusione rispetto al resto dell'Europa. L'illusione è ribadita nel seguente passo del 1933:

"Non è affatto vero che la letteratura sia in ribasso. Il gusto del leggere per esempio è molto più diffuso che avanti la guerra. Qualunque libraio vi dirà, confrontando l'oggi con vent'anni fa, che si legge almeno dieci volte tanto. Di libri di tutti i generi e specialmente i libri di cultura, storia politica, divulgazione scientifica, problemi sociali. Inoltre è più diffusa l'arte dello scrivere. Voglio dire che due generazioni fa, a parte i pochi eccellenti, i più scrivevano orribilmente. Oggi che c'è il grande sviluppo e miglioramento del giornalismo, questa misteriosa arte dello scrivere, si è alquanto diffusa, e si è imparato a scrivere con maggiore semplicità ed evidenza. Falsa dunque l'enunciazione del reato, maltrattamenti della cultura, decadimento del gusto letterario, in realtà la letteratura è promossa dal giornalismo". [70]

Dopo aver glorificato il giornale, nel 1938 viene a dire:

"Lo stile giornalistico è in questi ultimi anni molto decaduto". [71]

Quest'affermazione esclude l'illuminismo di quella verità che aveva fino a quel momento sostenuto. Contemporaneamente uno degli esponenti della cosiddetta scuola di Francoforte, Walter Benjamin, scrive un saggio intitolato *Baudelaire e Parigi*, in cui cita i giornali e dice:

"E' affidato, secondo Proust, al caso che il singolo acquisti un'immagine di se stesso, che diventi signore della propria esperienza. Dipendere, in una cosa simile, dal caso, è qualcosa di tutt'altro che naturale. Gli

---

70 MASSIMO BONTEMPELLI, *L'avventura novecentesca*, Firenze, Vallocchi, 1974, p. 97

interessi interiori dell'uomo non hanno già per natura questo carattere irrimediabilmente privato; ma lo acquistano solo quando diminuisce, per gli interessi esterni, la possibilità di essere incorporati alla sua esperienza". [72]

Uno dei tratti della modernità, così come si sta sviluppando, e che noi saremmo sempre meno esperti di ciò che ci sta accadendo, perché la civilizzazione ci mette al riparo dalle esperienze vitali, pur moltiplicando la notizia di esperienze altrui. Potremmo finire in una sorta di silenzio. Nel momento in cui si presentasse una minaccia vitale, noi potremmo trovarci anestetizzati dalla civiltà senza accorgersene. Nietzsche avverte: è vero che la civiltà elimina sempre più i dolori fisici, però nel momento in cui li elimina artificialmente, crea in noi un nuovo dolore: l'angoscia del dolore. La civiltà per Nietzsche è il dolore dato dalla paura del dolore: non vi è medicina. Nella *Gaia scienza* scrive: il rimedio alla pena (nella modernità) è la pena. Troviamo un'analoga considerazione nell'*Idiota* di Dostoievskij, quando parla degli ultimi cinque minuti di vita di un condannato alla pena capitale. Nella comunicazione moderna il giornale ha la funzione civile di separare l'uomo dalle proprie esperienze. Continua Benjamin:

"I principi dell'informazione giornalistica (novità, brevità, intelligibilità e, soprattutto, mancanza di ogni connessione fra le singole notizie) contribuiscono a questo effetto non meno dell'impaginazione e della forma linguistica". [73]

Una notizia anche banale potrebbe far scattare in noi lo stesso interesse di una eccezionale, perché ciò che vediamo è la novità dentro un contesto. In sintesi siamo colpiti dalla novità di un

71 MASSIMO BONTEMPELLI, *L'avventura novecentesca*, Firenze, Vallocchi, 1974, p. 97

72 WALTER BEJAMIN, Angelus Novus, a cura di RENATO SOLMI, Torino, Einaudi, p. 92

evento e non dall'evento stesso. Scriveva Marx: chi ha più denaro è più intelligente di chi non ne ha; trasportato nei media, ciò significa che colui che appare di più è più intelligente di colui che appare di meno. Questo fatto della maggior valenza dell'apparire, trasportato in termini politici, diventa un tema molto scottante. La discriminante ai fini di un consenso politico si stabilisce fra chi appare e chi non appare. Si apre così il problema del contenzioso del pagare o del possedere il mezzo tecnico più sofisticato, più idoneo a penetrare nelle masse. Ritorniamo così al passo del megafono di Kierkegaard. La nostra democrazia potrebbe essere minata alla base.

---

73 WALTER BEJAMIN, *Angelus Novus*, a cura di RENATO SOLMI, Torino, Einaudi, pp. 92-93

LA CONDIZIONE POSTMODERNA

Vivendo nel postmoderno

Qual è la condizione del sapere nelle società più sviluppate nell'attuale epoca definita postmoderna? Dopo aver viaggiato nel tempo nei due sensi di marcia, e cioè partendo dal mondo informatizzato per tornare alle origini della civiltà; e poi muovendo dalla prima rivoluzione industriale, con la nascita del mondo moderno, per arrivare alla nostra odierna condizione, il nostro viaggio sta giungendo al capolinea. Jean-Francois Lyotard nell'introduzione al libro *La condizione postmoderna* così definisce il termine:

"Designa lo stato della cultura dopo le trasformazioni subite dalle regole dei giochi della scienza, della letteratura e delle arti a partire dalla fine del XIX secolo". [74]

In realtà quantunque oggi si abusi di tale parola non esiste una definizione unica e precisa. Il post-moderno è ovvio ciò che viene dopo il moderno ma ciò dovrebbe implicare almeno due cose: che il moderno non c'è più e che qualcosa di diverso ha preso il suo posto. Molti ritengono che il post-moderno rappresenti più la crisi della modernità che non una nuova epoca. Abbiamo già parlato, nei precedenti capitoli, dei molti autori che con grande consapevolezza annunciavano la "fine dell'epoca moderna" registrando un crescendo nichilismo occidentale e manifestando tutto il loro "pessimismo sulla civiltà" (*Kulturpessimismus*). Seguendo questa tesi, la morte della modernità dovrebbe portare ad un dopo, e in tal senso la post-modernità dovrebbe rappresentare la consapevolezza di una fine e l'attesa di un principio. In termini nietzschiani potremmo parlare di un'epoca

---

74 JEAN-FRANCOIS LYOTARD, *La condizione postmodena*, Milano, Feltrinelli, p. 5

che si pone tra la compiuta "morte di Dio" e l'attesa "nascita dell'Oltreuomo". Lo storico Arnold J. Toynbee delimita l'epoca "moderna" fra il 1475 e il 1875 - in quest'anno comincia l'epoca "postmoderna", caratterizzata dalla interdipendenza mondiale delle nazioni. [75] In realtà, il postmoderno è ancora interno al moderno, del quale costituisce non già un "oltre" o un "contro", ma solo una variante debole. Il postmoderno non è il superamento del moderno ma il suo esito nichilistico.[76] Nichilismo significa, così come lo ha inteso Nietzsche, la situazione nella quale l'uomo rotola via dal centro verso la X, ma nichilismo è anche identico a quello definito da Heidegger: "il processo nel quale, alla fine, dell'essere come tale "non ne è più nulla".[77] La morte della coscienza storica segna anche la morte dell'uomo. Nietzsche pone per la prima volta il problema dell'epigonismo, cioè dell'eccesso di coscienza storica, che attanaglia l'uomo del XIX secolo e gli impedisce di produrre vera novità storica. Il postmoderno ha il compito di far uscire l'uomo dalla gabbia d'acciaio della filosofia della storia e dal suo sistema triadico di antichità, medioevo ed evo moderno. Questo distacco lo dovrebbe proiettare verso una quarta epoca. In realtà secondo Peter Koslowski:

"Il postmoderno sta impedendo ciò che doveva in realtà verificarsi dopo il fallimento dell'attesa di un processo di avvicinamento storico-filosofico dell'utopismo all'età moderna: la fine". [78]

Fin quando non si può definitivamente porre la parola fine alla modernità, non possiamo mai considerarci entrati nell'epoca postmoderna, pertanto i segnali che finora stiamo registrando sono tutti indirizzati alla proclamazione di una svolta che deve

---

75 ARNOLD J. TOYNBEE, *La civiltà nella storia*, Torino, Einaudi 1950, p. 68

76 GIANFRANCO MORRA, *Il quarto uomo, postmodernità o crisi della modernità?* Roma, Armando editore, pp. 19-20

tuttavia ancora completare la sua azione. In definitiva possiamo dire con il Koslowski che:

"Stiamo vivendo in quell'epoca che annuncia il passaggio dal moderno al postmoderno ma che la disputa nel tracciare il confine non riguarda tanto questa constatazione quando la domanda se il moderno abbia trovato il suo compimento o se la sua completa realizzazione possa essere tralasciata a causa di un progetto più importante". [79]

Nell'occuparci della condizione moderna abbiamo visto che il prodotto artistico, e quello culturale in genere, non è esente dalle regole di mercato; esso deve risultare gradevole, aproblematico, in una sola parola: vendibile. Con l'avvento del postmoderno, aumentano le esigenze del mercato dell'industria culturale, e si affermano progressivamente dei sottoprodotti che si suole definire kitsch. E' tuttavia nell'ambito dell'architettura che le modificazioni si sono rese più visibili. Qui il postmoderno si presenta sotto forma di populismo estetico. Sua caratteristica fondamentale è la cancellazione del confine tra la cultura alta e la cosiddetta cultura di massa o commerciale. Scrive Fredric Jameson:

"Il postmoderno ha subito il fascino di questo paesaggio "degradato" di kitsch e scarti, di serial televisivi e cultura da Reader's Digest, di pubblicità e motel, di show televisivi, film hollywoodiani di serie B e della cosiddetta paraletteratura con i suoi paperback da aeroporto, divisi nelle categorie del gotico o del romanzo rosa, della biografia romanzata e del giallo, della fantascienza e della fantasy: materiali che nei prodotti postmoderni non vengono semplicemente "citati", come sarebbe

---

77 GIANNI VATTIMO, *La fine della modernità*, Milano, Garzanti, p. 27

78 PETER KOSLOWSKI, *La cultura postmoderna*, Milano, Vita e Pensiero, pp. 40-41

potuto accadere in Joyce o in Mahler, ma incorporati in tutta la loro sostanza". [80]

La condizione postmoderna, a mio parere, può sintetizzarsi in una foto scattata a Los Angeles che ritrae una facciata dell'hotel Bonaventure, costruito nella *downtown* della metropoli statunitense dall'architetto e imprenditore John Portman. Questo edificio rappresenta l'emblema del concetto di postmoderno, ed ha attirato intorno a sé attenzioni degli studiosi in materia, fra i quali citiamo Fredric Jameson, che così sintetizza la sua presenza:

"Soddisfa pienamente la pretesa che avanza: è un edificio popolare frequentato con entusiasmo tanto dagli abitanti della città che dai turisti". [81]

Più avanti prosegue:

"Credo che il Bonaventure, insieme a un certo numero di edifici tipicamente postmoderni, come il Beaubourg a Parigi o l'Eaton Centre a Toronto, aspiri ad essere uno spazio totale, un mondo completo, una specie di città in miniatura (e vorrei aggiungere che a questo nuovo spazio totale corrisponde una nuova pratica collettiva, una nuova maniera di spostarsi e di riunirsi degli individui, qualcosa come una specie di iperfolla nuova e storicamente originale)". [82]

In edifici di questo genere, domina l'elemento vetro che, avvolgendo totalmente le facciate, sembra voler segnare una rottura con il mondo esterno, respingendo con i suoi riflessi tutto ciò ad esso estraneo. C'è un rifiuto della città "tradizionale" in toto: con i suoi mercatini, le sue piazze, i suoi monumenti, i suoi giardini, le sue luci, le sue case non uniformi. Tutte le cose che da

---

79 *Ibidem*, pp. 23-24

80 FREDRIC JAMESON, *Il postmoderno, o la logica culturale del tardo capitalismo*, Milano, Garzanti, p. 10

sempre hanno animato la vita della comunità e ne hanno costituito un riferimento, vengono convogliate e condensate in questi nuovi spazi, che aspirano a comprenderle tutte. Si tratta di un concetto tipicamente americano, che tuttavia sta entrando con forza nelle abitudini e stili di vita dei cittadini europei. Il vecchio continente mostra di dimenticare il suo grande bagaglio storico, e sembra subire passivamente l'imposizione indiretta di questo stile. Come tuttavia scrive Baudrillard in *America*:

"L'America non è né un sogno, né una realtà, è una iperrealtà. Ed è una iperrealtà perché è una utopia vissuta fin dall'inizio come realizzata. Qui, tutto è reale, pragmatico, e tutto lascia perplessi. (...) In realtà, qui non si perdono, come io speravo, le distanze nei confronti dell'Europa, non si ricava una prospettiva diversa. Quando ci si volta indietro, l'Europa è semplicemente scomparsa". [83]

In un viaggio che feci a Minneapolis, nel Minnesota, l'incontro con alcuni amici italiani trasferitisi per ragioni di lavoro, è stato alquanto significativo. E' stato sorprendente notare come, pur dotati di un elevato spessore culturale, abbiano assorbito velocemente e forse involontariamente, la mentalità americana. Il maggior tempo dedicato alla visita in città è stato speso per il *Mall of America*, il più grande discount della nazione. Dentro questa città nella città, l'europeo, al primo impatto, avverte un senso di nausea provocato dalle troppe luci che provengono da ogni direzione, così come dai richiami musicali dei vari box e dal muoversi confuso della grande folla. Il cittadino americano possiede invece i giusti anticorpi, in quanto l'idea del big (del grande) è un connotato genetico acquisito dalla nascita. La passeggiata a piedi nelle città degli Stati Uniti è impossibile ed

81 FREDRIC JAMESON, *Il postmoderno, o la logica culturale del tardo capitalismo*, Milano, Garzanti, p. 76

82 FREDRIC JAMESON, *Il postmoderno, o la logica culturale del tardo capitalismo*, Milano, Garzanti, p. 77

inutile. Qui non siamo a Parigi, Praga, Roma, dove qualsiasi strada percorriamo, troviamo delle tracce storiche ed artistiche. In un continente "senza storia", le strade non debbono ricordare nulla, pertanto è sufficiente numerarle. La camminata al chiaro di luna qui è una riproduzione da *studios*. Tutta la vita sembra una grossa finzione. Tutto sembra assomigliare alla storia dell'ignaro Truman Burbank, protagonista del film diretto da Peter Weir *The Truman show*. In questo film si raccontano le vicende di un uomo la cui vita è un ininterrotto show in tv, il quale non immagina che la tranquilla cittadina in cui vive è un gigantesco palcoscenico controllato da un visionario produttore/regista/creatore, e che le persone che vi vivono e lavorano sono attori di Hollywood e che persino sua moglie è un'artista sotto contratto. La foto, ritrae un particolare di una piazza, estremamente pulita e "razionale", così cara agli illuministi settecenteschi. Potrebbe trattarsi di un comunissimo crocevia di stile moderno, se non fosse situata ad un corrispondente terzo piano della città rispetto al piano stradale, e praticamente disabitata giorno e notte. La strada scorre in basso e non deve essere disturbata dalla presenza di pedoni o biciclette. La città, quella che noi tradizionalmente intendiamo fatta di uomini, vive all'interno dei grattacieli che circondano la downtown. Non occorre uscire fuori, nel loro interno vi sono uffici, banche, negozi, ristoranti e quant'altro occorre. Qui non bisogna camminare con le proprie gambe, basta seguire le scale mobili e veloci ascensori che ci si ritrova dappertutto.

---

83 JEAN BAUDRILLARD, *L'America*, trad. LAURA GUARINO, Milano, 1987 Feltrinelli, p. 28

Los Angeles: particolare nella downtown

A questo nuovo concetto urbanistico di città, a questa nuova visione architettonica degli spazi, corrisponde anche un mutamento del corpo. Proprio in questo contesto nasce il paradosso. Ad un corpo a cui si chiede di farsi arredo di questi spazi postmoderni, a cui si impedisce ogni minimo sforzo, chiedendogli semplicemente di "stare" al posto assegnatogli, come un qualsiasi altro componente (sia esso una cascata artificiale, o panchina, o insegna), fa riscontro la cura maniacale e salutista a cui deve essere sottoposto, durante il tempo libero. Quando il sensore elettronico chiude l'ultima porta, gli allarmi sono tutti inseriti e la *downtown* diventa una città di fantasmi, lo *jogger* infila le cuffiette degli altoparlanti nelle orecchie, alza il volume del suo *ipod* e inizia a correre, chiuso nel sacrificio solitario della sua energia. Il corpo "superfluo" di giorno, sembra tornare ad avere una sua centralità in queste pause, ma si tratta di una pura illusione, come commenta Baudrillard:

"Il miraggio del corpo negli Stati Uniti è ovunque grandissimo. E' il solo oggetto sul quale concentrarsi, non già come fonte di piacere, ma come oggetto di smodate attenzioni, nella continua ossessione della decadenza e della prestazione, segno e anticipazione della morte, alla quale nessuno sa più dare altro senso se non quello della sua perpetua prevenzione. Il corpo è vezzeggiato, coccolato, nella certezza perversa della sua inutilità, nella certezza totale della sua non-risurrezione. [84]

Se il marxismo parla di alienazione del corpo buttato nella catena di montaggio industriale a produrre beni, oggi possiamo parlare di alienazione del corpo nel consumare quei beni prodotti, come ci conferma Umberto Galimberti:

"Il nichilismo si annida proprio là dove l'uomo pensa di averlo definitivamente bandito, si annida nel possesso delle cose oggettivate dalla scienza e utilizzate dalla tecnica". [85]

Lo statunitense Joseph Coates, uomo d'affari di successo, che ha grande esperienza sia di tecnologia che di management, in un convegno della World Future Society ha presentato una relazione dal titolo *"Ten Dark Clouds on the Horizon"*, dieci nubi all'orizzonte, in cui mette in guardia contro il generico ottimismo che accompagna lo sviluppo tecnologico. Dice Coates:

"Ci troviamo a vivere in una fase di transizione che non ha precedenti dalla rivoluzione industriale, nella quale le opportunità sono talmente abbondanti che non si può non vedere la potenzialità di uno straordinario progresso per l'intero mondo. Abbiamo di fronte "rivoluzioni benefiche" che investono la nostra vita nelle aree dell'energia, della *Information Technology*, della genetica, dei materiali. L'atteggiamento verso l'ambiente si trasformerà radicalmente e assisteremo infine all'emergere delle tecnologie cerebrali. Queste rivoluzioni senz'altro giustificano un fondamentale ottimismo sul futuro del genere umano. Tuttavia, non dovremmo consentirci di essere così sopraffatti dall'ottimismo da ignorare le "nubi" all'orizzonte, di non vedere la possibilità che di fronte a noi si trovino difficoltà importanti.

84 JEAN BAUDRILLARD, *L'America*, trad. LAURA GUARINO, Milano, Feltrinelli, 1987, p. 32

85 UMBERTO GALIMBERTI, *Heidegger, Jaspers e il tramonto dell'occidente*, Milano, Il Saggiatore, p. 134

Se non dovessimo affrontare queste difficoltà in modo tempestivo potremmo vanificare tutti i benefici in chiave di progresso di queste rivoluzioni". [86]

Nasce dunque l'esigenza di apprendere e imparare a controllare l'influenza della negatività che l'avanzamento tecnologico inevitabilmente si porta con sé. In questo ultimo decennio, nelle nazioni sviluppate, all'incremento di prosperità è corrisposta un'attenzione crescente agli elementi negativi, alle inadeguatezze, ai fallimenti, alle difficoltà connesse con esso. Una sorta di paura sistematica ha rimpiazzato il passato entusiasmo verso il progresso tecnologico. La scienza sta perdendo nel postmoderno il suo ruolo costituente l'immagine del mondo; i suoi paradigmi, come il meccanicismo universale o l'evoluzionismo, vengono sempre più posti in questione dalle stesse scienze della natura nella loro pretesa totalizzante. Il processo scientifico viene corroborato da paradigmi concorrenziali che si annidano nel proprio interno come ad esempio quello espresso dal movimento *New Age*. Fritjof Capra nel libro *Il punto di svolta* dedica un capitolo al lato oscuro della crescita. Egli sottolinea il venir meno di quel senso di integrità e di equilibrio fra le varie componenti del nostro organismo e fra l'organismo e il suo ambiente. Scrive:

"La tecnologia umana sta gravemente disgregando e sconvolgendo i processi ecologici che sostengono il nostro ambiente naturale e che sono la base stessa della nostra esistenza". [87]

E' dello stesso parere Konrad Lorenz che nel libro *Gli otto peccati capitali della nostra civiltà* scrive:

---

86 JOSEPH COATES, *Altro che progresso: il futuro è pieno di rischi*. Conferenza di Chicago del 22 luglio 1998
87 FRITJOF CAPRA, *Il punto di svolta*, Milano, Feltrinelli, 1996, p. 195

"Tutti i vantaggi che l'uomo ha ricavato da una conoscenza sempre più approfondita della natura che lo circonda, i progressi della tecnologia, delle scienze chimiche e mediche, tutto ciò che sembrerebbe destinato a lenire le sofferenze umane, tende invece, per un terribile paradosso, a favorire la rovina dell'umanità".[88]

E' buon segno, come detto precedentemente, che almeno dal punto di vista teorico stiamo prendendo coscienza dell'insieme delle cause ed effetti che la rivoluzione attuale sta portando con se, dopo lunghi decenni in cui l'unico credo professato è stato quello dell'esaltazione incondizionata del progresso, ma l'attuale minaccia di degrado ci spinge all'azione pratica. Un nuovo Rinascimento è possibile costruirlo a partire da una nuova visione della realtà fondata sulla consapevolezza dell'essenziale interrelazione e interdipendenza di tutti i fenomeni: fisici, biologici, psicologici, sociali e culturali.

La città digitale

La vita delle città è da sempre legata al corso dell'evoluzione tecnologica ed economica. A ogni grande rivoluzione in questi campi è seguita una corrispondente trasformazione dell'ambiente urbano. La città non è solo un ambiente di vita e di lavoro. Le linee telefoniche, le reti postali, i ponti radio, gli edifici, le strade, l'arredo urbano, i rapporti tra gli spazi, costituiscono dei veri e propri canali comunicativi: sono mezzi che mettono in relazione le persone e la città che è essenzialmente un grande sistema di comunicazione. Oggi le nuove tecnologie dell'informazione stanno rivoluzionando non solo il nostro modo di vivere e di lavorare ma soprattutto il nostro modo di comunicare. Questi cambiamenti investono direttamente la città cambiandone la

---

88 KONRAD LORENZ, *Gli otto peccati capitali della nostra civiltà*, Milano, Adelphi, 1974, p. 26

struttura e ridisegnandone le future linee di sviluppo. La città industriale sta lasciando il posto alla città digitale, ad una città basata sulla circolazione di dati binari, una "città dei bit " come l'ha definita in un suo recente saggio l'architetto statunitense William Mitchell:

"La città dei bit è una città nella quale le interazioni non avvengono unicamente faccia a faccia ma anche elettronicamente, una città dove le transazioni commerciali avvengono elettronicamente, dove anche una buona parte delle interazioni sociali avviene elettronicamente, dove la cultura è supportata dall'elettronica; e allo stesso modo tutto ciò avviene anche fisicamente. Una cosa non sostituisce l'altra, ma i due mondi lavorano congiuntamente: il mondo fisico e quello elettronico".[89]

Secondo Mitchell, pur convivendo i due mondi, alla città "tradizionale" si sovrappone sempre più la città digitale. E' chiaro, quindi, che dobbiamo abituarci ad una serie di cambiamenti profondi che implicano una ridefinizione profonda dello spazio di vita cittadino. Il lavoro necessario a realizzare questo nuovo scenario è già iniziato da qualche anno, da quando cioè alcune comunità locali hanno iniziato a fare il loro ingresso nel mondo della telematica creando le prime reti locali e centri telematici al servizio del cittadino. Nasce il concetto di rete civica che può essere intesa come spazio di discussione del cittadino, come opportunità per gli enti locali per offrire veri e propri servizi e come presentazione della città al mondo. Un'ulteriore definizione di questo termine è città digitale che, invece, si riferisce alla capacità dei cittadini di entrare in tutti gli aspetti della Rete. Questa definizione rimanda all'immagine dei cavi che arrivano a tutti gli edifici della città. Oggi, almeno in Italia, l'elemento di maggior ostacolo allo sviluppo della telematica civica è di ordine culturale. Il canale trasmissivo, il cavo attraverso il quale viene

---

89 WILLIAM MITCHELL, *La città dei bits/ Spazi, luoghi e autostrade informatiche*, ed. it. a cura di SERGIO POLANO, 1995.

trasferita l'informazione, non viene ancora considerato come una sorta di risorsa pubblica della comunità, al pari dell'acqua, dell'aria o del verde pubblico. In altri paesi europei la "fibra scura" – cioè una fibra ancora priva di una utilizzazione definita - è considerata a tutti gli effetti un bene pubblico, come la rete idrica ad esempio. Un bene che viene affittato a chiunque lo richieda: un gestore di telefonia, una rete televisiva, o la stessa città. Pur con ritardo, la crescita e la diffusione delle reti civiche su tutto il territorio nazionale è oramai un dato di fatto. Gran parte del merito deve essere attribuito all'iniziativa delle singole amministrazioni locali pur carenti di una programmazione definite. Per sopperire a questa lacuna, nel 1993, si è voluto coordinare tutte queste esperienze creando a Roma l'AIPA, l'Autorità per l'Informatica nella Pubblica Amministrazione, il cui progetto ha rappresentato il primo passo per lo sviluppo della rete unitaria della Pubblica Amministrazione. La connessione in rete porta indubbiamente molti vantaggi, ma non bisogna attribuire alle informazioni che vi circolano valori di verità assoluti. Nel settore delle automazioni industriali di cui mi occupo da una venti di anni, sappiamo che non basta costruire un sistema ad anello chiuso per essere certi di avere un controllo preciso e sicuro di un determinato ciclo di lavorazione. Quando inviamo delle informazioni (in questo caso si tratta di impulsi elettrici) in un determinato campo e riceviamo dei segnali di ritorno (feedback), abbiamo bisogno continuamente che l'insieme dei dati elaborati venga confrontato con dei valori da noi stabiliti in partenza, e qualora i risultati non soddisfino tali obiettivi, occorre apportare delle correzioni, al fine di raggiungere i risultati prefissati. Lo stesso criterio credo si debba seguire in un discorso più ampio che riguarda le reti di connessione in generale. Per accedere ad internet in modo corretto, ad esempio, è necessario conoscere l'oggetto della propria ricerca altrimenti la navigazione rischia di trasformarsi in un gioco, mentre penso ci sia di meglio che stare seduti per ore davanti ad un monitor.

Quindi il problema principale nel rapportarsi con i media è stato, e rimarrà difatti un problema di educazione di base delle persone. Oggi disponiamo di centinaia di canali televisivi ma se guardiamo alla qualità dei contenuti ci accorgiamo che c'è un'orribile ripetitività. Pur rilevando questa grande disponibilità, ci sono pochi network economicamente capaci di produrre informazioni e notizie di buona qualità. A mio avviso due sono i rischi più alti che stiamo correndo con l'ingresso su larga scala delle nuove tecnologie dell'informazione: il primo è che sta scomparendo l'iniziativa di apprendere più approfonditamente o di interpretare in maniera autonoma le nozioni. Che cosa sto cercando e che cosa voglio ottenere? E' questa la prima domanda che dobbiamo porre a noi stessi prima di collegarci in rete. Il secondo rischio è che di fronte al trasferimento su di un piano astratto e virtuale delle nostre esperienze e del nostro interagire a distanza con il mondo e con la società c'è la minaccia incombente della perdita totale della realtà. Sono molti a sostenere che l'impatto delle nuove tecnologie e della realtà virtuale potrebbe assumere un'importanza considerevole al punto da farci perdere i nostri punti di riferimento nello spazio reale. Nel libro *The image of City* (L'immagine della città) Kevin Lynch definisce la città postmoderna alienata, "come uno spazio in cui la gente non riesce a tracciare una mappa (mentale) né a stabilire la propria posizione o a farsi un quadro della totalità urbana in cui si trova"[90]. Nell'affrontare il tema della nascita della città moderna è stata evidenziata una tendenza all'uniformità del paesaggio urbano che, oltre a dipendere dai molteplici fattori sociologici, culturali e, non ultimi, produttivi, è connessa alla caratteristica propria della società industriale e cioè quella di annullare il localismo. Già nel 1908 August Endell individuava la metropoli come una città dove le strade non hanno un proprio carattere. Le

---

90 KEVIN LYNCH, *L'immagine della città*, trad. it. di G.C. GURDA, Venezia, Marsilio, 1985 in FRIEDRIC JAMESON, *Il postmoderno o la logica culturale del tardo capitalismo*, Milano, Garzanti, 1989, p. 96

piazze sono spazi vuoti, senza misura e senza forza; gli edifici non si adattano alle strade: sono imponenti eppure non impressionano. Tra strada e casa quindi non c'è relazione. La perdita dei connotati classici della città ha subito forti accelerazioni nel postmodernismo e nella forte crescita del processo di digitalizzazione del contesto urbano. Oggi si parla della tendenza a vivere in dei "nonluoghi". Scrive Franco Purini:

" I nonluoghi non sono il contrario dei luoghi, segnano semplicemente la loro assenza. Essi non sono entità negative, ma sistemi forti (...) L'architettura contemporanea, pur avendo prodotto questi sistemi, non ha ancora elaborato sistemi convincenti per il loro riconoscimento e la loro interpretazione" [91]

Il nonluogo non è solo un prodotto della città contemporanea: come abbiamo spiegato precedentemente, fin dall'Ottocento si è vista progredire sempre più la cultura della città senza luoghi; si è passati attraverso un percorso che via via ha ridotto i valori urbani a valori economici e i significati a significati funzionali. L'urbanistica moderna e contemporanea ha teso a uniformare gli spazi o nonluoghi. In un contesto del genere ecco riecheggiare in maniera preponderante l'annuncio della sconfitta della civiltà, la morte dell'interiorità, la perdita totale della sensibilità. L'esterno distrugge ogni interno, acusticamente e visivamente, di giorno e di notte giacchè la nozione di tempo e di spazio vengono annullati. Non c'è bisogno di uscire dalle nostre case, non c'è più il bisogno di andare in alcun luogo, perché ogni luogo viene a noi.

91 FRANCO PURINI, *Corpi ambientali virtuali* in Casabella n° 597-598, 1993, tratto da MAURIZIO MORANDI, *La città vissuta. Spazi e valori dello spazio urbano*, Firenze, Aliena Editrice, 1996, p. 204

Dall'homo sapiens all'homo ludens

L'uomo è per natura un animale che comunica ossia che trasmette un messaggio per mezzo di segni adeguati. Nella storia occidentale si sono susseguiti quattro tipi antropologici: *l'homo sapiens* greco, l'*homo religiosus*, l'*homo faber* e l'attuale *homo ludens*. Di questi quattro tipi, il primo, ossia l'uomo delle civiltà greca e romana, considera la comunicazione come trasmissione di una verità scoperta dalla ragione; scritto e orale si contrappongono come *dòxa* ed *epistème*, o, se si preferisce, come il mezzo e il fine. C'è l'affermazione di un primato della comunicazione orale sia nel primo che nel secondo uomo, ma in quest'ultimo assume un fondamento nuovo, in quanto interviene il "maestro interiore" che illumina la verità e consente la comunicazione. Il processo cambia radicalmente con l'avvento del terzo uomo: il "borghese". La sua, è una cultura grafica, che trova nel libro stampato il suo strumento privilegiato. E' in questo periodo che assistiamo alla nascita del cosiddetto uomo di Gutenberg il quale compie un passaggio dal sonoro al visivo alfabetico. I grandi fenomeni culturali, come il Rinascimento, la Riforma e la Rivoluzione scientifica, non sarebbero neppure pensabili senza l'uso della stampa. La rivoluzione telematica ha ormai reso inattuale il terzo uomo e ne ha prodotto un quarto: l'uomo postalfabetico. Questo passaggio poteva avvenire solo attraverso una rivoluzione "mediale" perché i mezzi di comunicazione non sono semplici strumenti neutrali ma sono in grado di modificare profondamente il modo di comunicare e soprattutto gli stessi contenuti della comunicazione. Il quarto uomo è un uomo totalmente plasmato dai media elettrici. Marshall McLuhan distingue questi ultimi in caldi e freddi. Sono caldi quei media che ipertrofizzano un solo canale percettivo, come fa la radio con l'udito, e pertanto non lasciano al pubblico molto spazio da colmare o completare comportando perciò una limitata partecipazione; al contrario i media freddi, la televisione per prima, implicano un alto grado di partecipazione o di completamento.[92] Il quarto uomo si serve soprattutto di quest'ultimi. La "mutazione antropologica" in atto comporta un cambio di statuto del sapere nel momento in cui le società entrano nell'età detta postindustriale e le culture nell'età detta postmoderna. La data di inizio di questa evoluzione può risalire alla fine degli anni Cinquanta del Novecento. In tale periodo si sviluppa in Europa, sulla quale grava la pesante ipoteca politico-economica degli Stati Uniti, quel tipo di "società" o di "civiltà" nella quale ancora viviamo. Si tratta di quella "società industriale nella fase di capitalismo avanzato" o di quella "civiltà di massa" le cui caratteristiche vanno dal consumismo, con la creazione di bisogni fittizi ma omologhi al sistema, ai persuasori occulti, che attraverso una serie di canali di comunicazione trasformano l'uomo in consumatore eterodiretto, dall'omogeneizzazione del gusto collettivo alla mercificazione di qualsiasi tipo di "valori". E' in una situazione del genere che si diffonde la cultura del patchwork, del collage. Il passaggio da una cultura moderna ad un'altra "post-moderna" si è verificato, in Italia, negli anni Ottanta del secolo scorso. Paolo Dell'Aquila ne distingue due fasi così riassunte:

"Nel primo periodo si manifesta una chiusura autoreferenziale del sistema culturale, che causa una spettacolarizzazione delle azioni sociali (...) Ne consegue un effetto di de-realizzazione del reale (...) Dal reale si passa all'iperreale, alla simulazione assoluta, alla reduplicazione infinita dei segni (...) Il post-moderno è allora il trionfo delle mode, più che della moda. Con il quarto uomo si è assistito ad un proliferare di look diversi, di maschere sociali cangianti." [93]

92 MARSHALL McLUHAN, *Gli strumenti del comunicare*, Milano, Il Saggiatore, p. 31

93 PAOLO DELL'AQUILA, *Verso un'ecologia del consumo*, Milano, Angeli, pp. 19-20-22

Poi continua:

"Nel secondo periodo del post-moderno (gli anni Novanta) il codice culturale si complessifica. Alla secolarizzazione radicale, alla fabulazione del mondo si congiunge una riscoperta del mito, dell'etica. Il disincanto si accoppia con il reincanto del mondo, come ha compreso il pensiero debole. In questa ottica la cultura, in quanto insieme di valori, di oggettivazioni intersoggettive poste in fluttuazione viene dominata da un doppio movimento, un *double bind*, tra la ripresa del mito e la sua secolarizzazione, fra l'adesione alla tradizione ed il suo sovvertimento". [94]

Secondo Daniel Bell le caratteristiche precipue delle società postindustriali si fondano sul passaggio dalla produzione di beni all'economia di servizi. Sotto questo aspetto la data di nascita della società post-industriale si può fissare nel 1956 quando negli Stati Uniti gli impiegati nel settore terziario divengono la maggioranza. La società post-industriale sarà sempre più caratterizzata dall'importanza dell'informazione divenuta la merce soft predominante e catalizzatrice dei mutamenti socio-culturali. Appare all'orizzonte il pericolo che il flusso informativo diventi sempre più artificiale e basato su codici "freddi", impersonali, manipolabili solo da una ristretta comunità di tecnici. Di tale parere è lo scrittore e critico delle comunicazioni di massa Neil Postman che così vede l'attuale situazione di tecnopolio:

"Si è spezzato il legame tra informazione e finalità umana: l'informazione è totalmente indiscriminata, non è diretta ad alcuno in particolare, è quanto mai voluminosa e veloce e non ha alcun rapporto con qualsiasi teoria, significato od obiettivo". [95]

---

94 PAOLO DELL'AQUILA, *Verso un'ecologia del consumo*, Milano, Angeli, p. 23

95 NEIL POSTMAN, *Tecnopoly: la resa della cultura alla tecnologia*, Torino, Bollati Boringhieri, 1994, p. 68

Nella prima fase del post-moderno il quarto uomo, con la sua società della istantaneità, ha prodotto un sistema culturale altamente instabile e fluttuante, ove i messaggi si accavallano, si disperdono, vengono spettacolarizzati e perdono sempre più di senso. Non sono più gli status tradizionali a determinare l'appartenenza sociale, ma solo l'inserirsi in alcune delle numerose reti di socialità. La seconda fase del post-moderno, che si sta delineando oggi, offre uno scenario parzialmente diverso. Secondo Gilles Lipovetsky si può parlare di una società post-moralista, ovverosia di una società che diventa sempre più una società della regolazione, in grado di mitigare gli eccessi precedenti. La *look generation* è costretta a riconvertirsi ed a diventare più stabile. In Italia, in particolare, archiviato il decennio Ottanta-Novanta che ha segnato la fine della cosiddetta prima repubblica con le conseguenze ben note, più che poter rivendicare una grande forza rinnovatrice sorta da un processo intellettuale si può parlare di un cambiamento che si è generato, come un fiume in piena, proprio in conseguenza degli episodi sopra citati. La paralisi politico-amministrativa ha spento tutto quel movimento apparente di grande ottimismo che aveva regnato negli anni Ottanta; il paventato nuovo boom economico si è scoperto essere figlio di madre corruzione pertanto ci si è dovuti svegliare di colpo con la necessità immediata di rimettere in ordine i conti dello Stato pena l'uscita della nostra nazione dall'orbita europea primaria. Il grave degrado finanziario ha messo in evidenza una serie di crisi strutturali di diversi apparati e che ha avuto una forte ripercussione in particolare nel *welfare*. Il processo non ha risparmiato il resto del continente europeo; ovunque con diverse priorità si è reso necessario ridurre i consumi e ricercare un maggiore equilibrio a causa della drammatica crisi sia di integrazione sistemica sia di integrazione sociale.

E' un errore ampiamente diffuso il credere che la natura sia inesauribile. Odo Marquard sostiene che: "quanto più il mondo diventa moderno tanto più le scienze dello spirito diventano inevitabili".

Anche il consumatore cambia in quanto assume una maggiore capacità di autoregolazione, di selezione nel flusso degli eventi e delle esperienze. Quantitativo e qualitativo si alleano fra loro nel binomio *high tech/soft touch*. Nascono tendenze al de-consumo alla autolimitazione degli sprechi. Nasce l'ipotesi di un'ecologia del consumo [Francesco Morace 1990], che si affianca all'ecologia della mente [Gregory Bateson 1976], all'ecologia dei segni [Ugo Volli 1988], all'ecologia dell'artificiale [Ezio Manzini 1990]. Gli oggetti si propongono quali mezzi per raggiungere un maggiore equilibrio con l'ambiente culturale che ci circonda. Il problema ecologico deriva dal secondo principio fondamentale della termodinamica perché questo prova la finitezza delle energie e la fragilità delle strutture naturali. Lo sviluppo dall'industrialismo al postindustrialismo è in relazione con l'esauribilità delle energie e delle risorse.

CONCLUSIONI PARZIALI E PROVVISORIE

"Poiché non riteniamo di conoscere una cosa sin quando non possiamo spiegarne il "come" ed il "perché", è chiaro che dobbiamo guardare al "come" ed al "perché" delle cose che nascono e che muoiono".[96]

La conclusione di questo nostro viaggio non può che riportarci al punto di partenza e in tal modo chiudere quel ipotetico cerchio che abbiamo iniziato a tracciare chiedendoci dei "come" e dei "perché" relativi al passaggio dall'atomo al bit. Abbiamo visto che tutti i fenomeni socioculturali mutano incessantemente senza eccezione alcuna. Il nostro obiettivo è stato quello di provare a capire qualcosa in più intorno ad essi e ciò ha significato chiederci dove trovare le radici del loro mutamento e come interpretarlo. Sul piano logico tre sono le possibili risposte al problema e tutte e tre sono state utilizzate nelle scienze sociali. La prima soluzione è rappresentata dalla "teoria del mutamento esogeno" la quale ricerca le ragioni del mutamento in alcune "variabili" che si trovano fuori dal sistema socioculturale. La seconda possiamo definirla, teoria immanente del mutamento socioculturale, cioè un sistema che porta in se stesso il seme del proprio mutamento. Infine la terza risposta al problema è di carattere intermedio ossia tende a vedere il mutamento come il prodotto di forze esterne ed interne combinate. In generale la ragione per cui i sistemi socioculturali mutano nel corso della loro esistenza è data dal principio di mutamento immanente. Secondo Aristotele qualsiasi mutamento non può essere pensato che come un passaggio da un termine ad un altro antitetico al primo e cioè fra due contrari. Senza una antitesi il mutamento non è pensabile. Abbiamo accennato, parlando della separazione fra Oriente ed Occidente, che alcune culture, come quella greco-romana e quella occidentale, sono state capaci di compiere un simile passaggio più volte ed altre invece non l'hanno fatto. Assumere un

---

96 ARISTOTELE, *Fisica*, 194b

atteggiamento dinamico significa nella maggior parte dei casi riscontrare una maggiore circolazione di idee e conseguentemente un "maggior progresso" e quindi una "maggiore civiltà", tuttavia abbiamo visto che nelle società dove questo è avvenuto, parallelamente si sono generati dei profondi guasti che hanno sminuito il valore positivo di tali progressi. Oggi al sorgere dell'alba che annuncia i nuovi orizzonti dominati sempre più da paesaggi telematici e da nuove tecnologie rivolte per lo più al campo comunicativo, stiamo pervenendo alla liquidazione totale della cultura dell'umanesimo; per evitare questa fine, dobbiamo identificare ed intervenire incisivamente nel punto di svolta, ciò significa cercare nuovi "paradigmi" ed assumendo un diverso atteggiamento di fronte alle nuove problematiche che si presentano dinanzi a noi per non ripetere gli errori del passato. Abbiamo visto che le culture dominate da una mentalità unilaterale tendono sempre a scomparire nel tempo. Così è accaduto alla mentalità esclusivamente teologico-sovrasensibile medievale, nata e sviluppatasi come reazione alla vuota cultura sensistica del tardo periodo greco-romano, che inaridendosi decadde e si consumò nelle catastrofi che segnarono la fine del medioevo. Lo stesso accadde all'unilaterale mentalità razionalistica della cultura tra il secolo XVI e il XVIII (la mentalità del Rinascimento e dell'Illuminismo), che venne meno nelle conflagrazioni sociali avutesi alla fine del XVIII e all'inizio del XIX secolo. Infine, l'unilaterale mentalità empirico-sensibile della nostra cultura, sta decadendo sotto i nostri occhi e con essa la cultura da lei dominata.

Parlando del tema più discusso oggi giorno, cioè quello legato alla informatizzazione e alla globalizzazione di tutto il sistema comunicativo, non possiamo non denunciare, a riguardo, che il principale pericolo che la nostra società è sempre più a rischio di correre si scorge nella morte del genio creativo sostituito sempre più dalla onnipresente "artificiosità". Delegando sempre più tutte le nostre prerogative al cosiddetto "grande fratello", il prodotto diventa uno strumento disponibile per qualunque padrone e per qualunque proposito, sia socialmente buono che disastroso, costruttivo oppure distruttivo. Si rischia di creare un mondo colmo dei doni più benefici, e allo stesso tempo creare i mezzi più diabolici per la distruzione della vita umana, della cultura, della società. I pericoli maggiori riguardano: la scienza degradata al rango di semplice "ancella" dei "barbari" contemporanei, e l'oscuramento della cultura, entrambi purtroppo segni del nostro tempo. Bisogna uscire come prima cosa da questa empasse. Si tratta di conciliare sviluppo e salvaguardia ambientale. Tutti i nostri problemi economici attuali sono problemi sistemici che non possono più essere compresi per mezzo della scienza cartesiana. Gli economisti tendono a dissociare l'economia dal tessuto ecologico in cui essa è inserita. Uno degli errori principali in tutte le scuole attuali di pensiero economico è l'insistenza a usare il denaro come unica variabile per misurare l'efficienza di processi di produzione e di distribuzione. C'è bisogno di riformulare il PNL con un nuovo indicatore da cui sono dedotti i costi sociali.

Il ritorno a una nuova scala più umana, non significherà un ritorno al passato, ma, al contrario, richiederà lo sviluppo di nuove forme ingegnose di tecnologia e di organizzazione sociale.

La libertà è un bene che contiene tutti gli altri. Non soltanto sul piano dei bisogni materiali, ma anche dove cominciano a sbocciare le aspirazioni umane, la meta è sempre la libertà, e va sempre ricercata nello stesso modo. La scienza insegna all'uomo quello che può fare, ed esplora le necessità della realtà esterna; l'arte insegna all'uomo quello che vuol fare ed esplora l'essenza del cuore umano; e il mondo borghese, chiudendo gli occhi alla bellezza, voltando le spalle alla scienza, segue soltanto la propria stoltezza fino alla fine. Crocifigge la libertà sopra una croce d'oro, e se si chiede in nome di chi lo faccia, risponde: "In nome della libertà personale". [97]

Il tema caratteristico dei nuovi movimenti sociali è la perdita di identità nella civiltà della tecnica.

Il fine dei nuovi movimenti sociali non è primariamente il raggiungimento del potere politico-economico, ma la conservazione di determinate norme e modi di vita, la difesa dell'identità culturale e la salvaguardia di spazi di libertà idonei a modi di vita alternativi.

I nuovi movimenti sociali sono una reazione alla crisi della modernità e alla sua perdita di contestualità culturale.

I costi sociali della crescita economica, che nascono dai danni ambientali e dalla conseguente riduzione della qualità della vita, sono in alcuni ambiti più elevati della rendita economico-monetaria.

---

97 CHRISTOPHER CAUDWELL: *La fine di una cultura*, Torino, Einaudi, p. 232

BIBLIOGRAFIA

ALGAROTTI, Francesco

Viaggi in Russia. Torino, Einaudi

BAUDELAIRE, Charles

Piccoli poemi in prosa. Milano, Oscar Mondadori

I fiori del male. Roma, Newton Compton

BAUDRILLARD, Jean (1996)

Tr. it. *Il delitto perfetto.* Cortina Raffaello

America. Milano, Feltrinelli

BENJAMIN, Walter

Angelus Novus. Torino, Einaudi

CAMUS, Albert (1951)

L'homme rèvoltè. tr. it. Liliana Magrini. *L'uomo in rivolta.* Milano, Bompiani (1994)

CANETTI, Elias

Massa e potere. tr. it. Furio Jesi. Milano, Adelphi

CAPRA, Fritjof (1975)

The Tao of Physics. tr. it. *Il Tao della fisica.* Milano, Adelphi, 1997

CHATEAUBRIAND, Francois Renè (de)

Viaggio in Italia. tr. it. Giovanni Rabizzani. Lanciano, Carabba

DELL'AQUILA, Paolo (1997)

Verso un'ecologia del consumo. Milano, Franco Angeli

GALIMBERTI, Umberto (1996)

Heidegger, Jaspers e il tramonto dell'occidente. Milano, Il saggiatore

GREGOROVIUS, Ferdinand (1967)

Diari romani tr. it. Alberto Maria Arpino. Roma, Avanzini e Torracca

HEINE, Heinrich (1956)

Londra, frammenti inglesi (1828), in Germania e Inghilterra (impressioni di viaggio) tr. it. Bruno Maffi. Milano, Rizzoli

HUIZINGA, Joan (1935)

In de schaduwen van morgen, een diagnose van het geestelijk lijden van onzen tijd. tr. it. *La crisi della civiltà.* Torino, Einaudi (1938)

HUYMANS, Joris-Karl

A ritroso. Milano, Rizzoli

IENGO, Francesco (1998)

Il corpo superfluo. Alessandria, Edizioni dell'orso

JAMESON, Friedric

Il postmoderno, o la logica culturale del tardo capitalismo. Milano, Garzanti

KOSLOWSKI, Peter (1987)

Die postmoderne Kultur. Gesellschaftlich-kulturelle Konsequenzen der technischen Entwicklung tr.it. *La cultura postmoderna. Conseguenze socio-culturali dello sviluppo tecnico*, Milano, Vita e Pensiero (1991)

KRAUS, Karl (1955)

Spruche und Widerspuche, Pro Domo et Mundo, Nachts.

tr.it. *Detti e contraddetti.* Milano, Adelphi (1994)

LEOPARDI, Giacomo

Epistolario. Milano, Mondadori

Operette Morali. Milano, Oscar Mondadori

Mc LUHAN, Marshall

Gli strumenti del comunicare. Milano, Il Saggiatore

MORRA, Gianfranco (1992)

Il quarto uomo. Postmodernità o crisi della modernità? Roma, Armando
Editore (1996)

LYOTARD, Jean-Francois (1979)

La condition postmoderne. tr.it. Carlo Formenti.

La condizione postmoderna. Milano, Feltrinelli (1997)

REALE, Giovanni e ANTISERI, Dario

Il pensiero occidentale dalle origini ad oggi. Brescia, La scuola

SVEVO ITALO

Una vita. Milano, Oscar Mondadori

VATTIMO, Gianni (1985)

La fine della modernità. Milano, Garzanti (1998)

INDICE

INTRODUZIONE

LA CRISI DELLA CIVILTA' OCCIDENTALE

Dal reale al virtuale: i segnali di una crisi
Il periodo assiale e la separazione fra Oriente ed Occidente
La dinamica sociale e culturale secondo la ricerca di Pitirim Sorokin

LA CONDIZIONE MODERNA

Il mondo moderno: l'esaltazione illuminista e la reazione romantica
La città nella modernità
Vecchia e nuova scrittura nella metropoli

LA CONDIZIONE POSTMODERNA

Vivendo nel postmoderno
Dall'homo sapiens all'homo ludens
La città digitale

CONCLUSIONI PARZIALI E PROVVISORIE